沟通心理学

THE PSYCHOLOGY OF
COMMUNICATION

郑日昌 ◎ 著

北京师范大学出版集团
BEIJING NORMAL UNIVERSITY PUBLISHING GROUP
北京师范大学出版社

图书在版编目(CIP)数据

沟通心理学/郑日昌著. —北京：北京师范大学出版社，2015.1
(2019.2 重印)
  ISBN 978-7-303-17709-7

  Ⅰ. ①沟… Ⅱ. ①郑… Ⅲ. ①人际关系学－社会心理学
Ⅳ. ①B84

中国版本图书馆 CIP 数据核字(2014)第 168498 号

营 销 中 心 电 话 010-58805072 58807651
北师大出版社高等教育与学术著作分社 http://xueda.bnup.com

GOUTONG XINLIXUE
出版发行：北京师范大学出版社 www.bnup.com
         北京新街口外大街 19 号
         邮政编码：100875
印   刷：北京溢漾印刷有限公司
经   销：全国新华书店
开   本：148 mm×210 mm 1/32
印   张：6.125
字   数：124 千字
版   次：2015 年 1 月第 1 版
印   次：2019 年 2 月第 3 次印刷
定   价：49.00 元

策划编辑：何 琳   责任编辑：何 琳
美术编辑：李向昕   装帧设计：红杉林文化
责任校对：陈 民   责任印制：马 洁

引言
FOREWORD

有人将第二次世界大战美国取胜的原因归结为舌头、美元、原子弹三个因素；将当代美国称霸世界的原因归结为舌头、美元、计算机三个因素。后两个原因讲的是经济实力和科学技术的作用，排在第一位的都是政治攻势和外交宣传的软实力。

中国古语云："一人之辩，重于九鼎之宝；三寸之舌，强于百万雄兵。"横扫欧洲的法国皇帝拿破仑有句名言："一支笔胜过两千支枪。"

这充分说明了舆论宣传的威力以及沟通与说服的重要。

芸芸众生，人人要沟通；大千世界，事事须说服。不言而喻，我们生活在一个宣传工具有着广泛影响的时代，甚至可以说我们生活在一个以劝导为特征的时代。每当我们打开收音机、电视机或进入某个互联网站，每当我们翻开一本书、一本杂志或一张报纸，总有人在试图教育我们接受某种观点，说服我们去购买某种商品或服务。

　　近年来，笔者经常应一些党政机关和企业之邀为思想政治工作者和管理者讲授沟通与说服的艺术，有公司还全程录像并将其制成光盘销售。但许多人觉得看光盘不甚方便，且受众有限，希望有文字稿以方便阅读。在众多听课学员和几位朋友的鼓励下，我利用春节前后的闲暇时间，结合投影课件，将录音稿整理成书。

　　沟通是双向的交流，不但要有效地将信息发给接收者，还要有效接收和领会对方发出的信息。说服是沟通的重要组成部分，是让对方接受并相信自己的观点、建议、服务和产品。

　　在很多情况下，沟通的目的就是相互说服。官员和百姓、上级和下级、商家和客户、老师和学生、家长和孩子、丈夫和妻子以及同事之间、同学之间、战友之间、朋友之间都存在相互说服的问题。在此笔者愿与党政军干部、企业管理者、教育工作者、媒体工作者、市场营销人员、广告设计者以及所有想说服别人的读者分享说服的艺术。

　　为了更好地理论联系实际，使大家能学以致用，书中引用了大量国内、国外的案例，涉及政治、经济、教育、文化、商业、军事等各个领域的宣传和说服活动，希望能对您有所启发，更希望您提出批评和建议。

　　为了方便记忆和推广，我在讲课时将沟通与说服的艺术概括为：具备两个条件；坚守三个原则；搞好四个结合；发挥五种效应；运用六种战术；掌握七类技巧；营造三种氛围。在写作本书时，另外补充了态度改变的心理机制和沟通能力的自我评估两部分内容。

目录

CONTENTS

一、
沟通过程与
种类

按《大英百科全书》的解释，所谓沟通(communication)"是若干人或者一群人交换信息的行为"。与此略有不同，《牛津大辞典》将沟通解释为："借助语言、文字和形象来传递或交换观念和知识"。

(一)沟通的过程

西方传媒界将沟通环节概括为5个"W"：

第一个"W"是 Who，即谁在说(信息发出者)；第二个"W"是 Whom，即对谁说(信息接收者)；第三个"W"是 What，即说什么(信息内容)；第四个"W"是 How 中的 w，即怎么说(信息组织)；第五个"W"是 Way，即通过什么方式或途径说(信息通道)。

上述 5 个环节，都会影响沟通的效果。

一个完整的沟通过程是这样的：

信息发出者首先通过一定的方式(语言、文字、图像等)或途径(广播、电视、报刊、书信、文件、电话、网络等)发出信息，信息在传播过程中会受到各种干扰阻碍而发生扭曲和损耗，信息接收者收到信息后，会给予反馈或发出自己的信息，使发出者调整信息的内容和组织方式并再次发出，从而开始又一个沟通循环。(见下图)

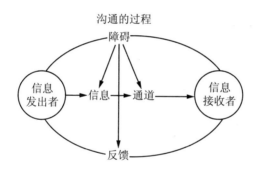

在沟通的过程中，存在着非常复杂的信息编码和信息解码系统。编码和解码其实就是让我们所发出的和所接收的信息变得有意义的过程，常常受到每个人的想法、情感和信息过滤的影响。所谓信息过滤(filter)指的是沟通中双方对信息的选择。比如，我们都倾向于发出和接收证实我们想法的信息，而排斥那些与我们的想法相矛盾的信息。只有当信息的发出者和接收者对所沟通信息的理解是准确一致的时候，才称得上是一次有效的沟通。

信息传导过程中的障碍可能来自于外界，也可能来自于我们的内心对话(internal dialogues)，人际沟通专家把这称作内心噪声(internal noise)。有效沟通既要排除外部干扰，又要减少内心噪声的影响。

沟通锦囊 有效沟通既要排除外部干扰，又要减少内心噪声的影响。

（二）沟通的种类

人们通常将沟通分为内部沟通和外部沟通。

内部沟通是指为了实现组织的目标，组织内部领导班子成员之间、领导与下属之间、组织各部门之间以及员工之间的关系协调与信息交流；外部沟通是指组织与社会各方面建立广泛而和谐的公共关系。

在一个组织内部，又可将沟通分为横向沟通和纵向沟通。

横向沟通一般是部门之间的沟通，目的是为了增强部门间的合作，减少摩擦。通常形式为会议、面谈、备忘录、报告等。横向沟通的可能障碍有部门"本位主义"和短视倾向，"一叶障目"，对组织结构的偏见、猜疑、威胁和恐惧。横向沟通策略包括选择恰当的沟通形式、学会倾听、换位思考等。

纵向沟通分为自上而下和自下而上两种。下行沟通形式通常为政策文件、会议、报告、谈话、信函、备忘录、电话、传真、电子信件等；上行沟通形式通常为建议、申诉和请求、座谈会、面谈、汇报材料等。纵向沟通的可能障碍包括心理障碍造成信息扭曲；不善聆听他人发言；草率评判对方意见；表达及理解差错等。纵向沟通策略包括制订完备计划；减少环节，提高效率；加强反馈，了解接收者的评价；形式多重组合，如书面与口头相结合；言简意赅，简约行事；建立信任机制；多渠道非正式沟通，如喝茶、吃饭、文体活动等；不越级，不在背后议论上级和下级。

我在课堂上，通常会做一个小实验：我对前排第一个人附耳说一句比较长的话，让每个人按顺序悄悄往后传，最后一个人报告的内容常常同我最初说的风马牛不相及，传递人越多差距越大，这说明减少沟通环节和及时反馈的重要。

在一个组织的领导班子中，一把手与班子成员以及班子成员之间既有纵向沟通又有横向沟通。一位中央领导将一把手的沟通原则概括为："总揽不独揽，果断不专断，信任不放任，大度不失度。"将班子成员的沟通原则概括为："服从不盲从，到位不越位，补台不拆台，分工不分家。"可以说归纳得既完整又精准。

沟通又可分为言语沟通和非言语沟通(nonverbal communication)。非言语沟通是指通过语句以外的其他方式传递信息。

人类最主要的沟通方式是语言，包括口头语言、体态语言(表情动作等)、书面语言(文字或图像)。

在用口头语言沟通时要慎说、善听、会问。即说话要谨慎，言多语失，祸从口出；要善于听对方的潜台词和隐含的意义；

要通过巧妙提问澄清对方的意图，获取更多的信息。说话者的工作在于表达信息使意图清楚，而听者的工作则是决定哪一种意图是说话者想要达成的。例如，"这个房间好冷"。这句话在不同的情境和场合，可能是让下属"关上你身后的门"，也可能是"你刚刚调低了暖气，可否麻烦你再调高一点"，也可能意味着"这是一间四面透风的房间"，还可能意味着"这是我所做的开场白"。关于"说""听""问"的技巧，后面有专门章节详加阐述。

在用口头语言沟通时，除所用词汇的内容外，说话者的音调、音强、音色、语速、节奏、停顿、沉默等副语言（paralanguage）也起着重要的作用。比如，同样是"你好"这两个字，用不同的语气说，可能表达真诚问候，也可能是礼貌应酬，还可能是虚情假意，甚至可能是恶言威胁。把别人的讽刺挖苦当成夸奖而沾沾自喜的情况也是有的。同样一句话，把重音放在不同的字词上，可能表达的是不同的意思；用不同的语调讲，可能表示疑问，也可能表示惊叹。俗话说"锣鼓听声，说话听音"，就是指要学会听副语言。在影片《我的早更女友》中，著名影星周迅和佟大为二人首次合作并饰演情侣。佟大为对记者说："和周迅合作非常开心。在中国，能够把一句别人说起来很无味的简单台词说出好几层意思的女演员，也就只有周迅。一个完全没有经过专业训练，就可以有这样表演水准的人，真的是老天赐予的天赋。"佟大为这里夸赞的就是周迅对副语言的运用。

身体语言（body language）亦称体态语，即非语词性的身体信号，包括目光与面部表情、身体运动与触摸、身体姿势、生理反应、身体的空间距离等，在人际沟通时起的作用更大。因为口头和书面语言可以掩饰和说谎，而体态语则往往会暴露真实信息。正如弗洛伊德所言："自我暴露经常从我们的每个毛孔中流出来。"据《今日美国报》网站2014年3月6日报道，美国五角大楼的文件显示，国防部正在支持一支研究团队对俄罗斯总统普京和其他国家领导人的身体语言展开研究，以便更好地预测他们的行为和指导美国的外交政策。

在体态语中影响最大的是面部表情，在人的五官中最富表现力的是眼睛，"眼睛是心灵的窗户"，这绝非夸张之语。一个人有没有说谎，只要看他敢不敢直视你的眼睛就能知道。其次是嘴巴，描写人情绪的词汇大多集中在眼部和口部。如目瞪口呆、扬眉吐气、眉飞色舞、眉来眼去、暗送秋波、张口结舌、咬牙切齿等。下面是一组描述人几种表情的图片，其变化主要表现在眼睛和嘴巴上：(a)快乐，(b)惊讶，(c)害怕，(d)悲伤，(e)生气，(f)厌恶。

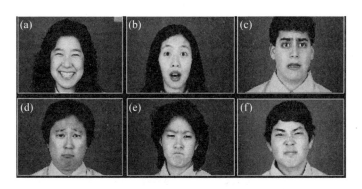

除面部表情外，身体姿势和动作传递的信息也很多。例如，握手有力、热烈拥抱、轻拍对方肩膀是尊重和友善的表示；身

体微微前倾、侧耳倾听是谦恭和专注的表现；而身体后仰、双臂交叉、跷着二郎腿则是傲慢无礼的行为。聋哑人仅仅用手势语便能彼此很有效地沟通交流。

空间距离也是身体语言的一个重要组成部分。我们每个人周围都有一个看不见的保护圈，亦即产生安全感的个人空间。与人交流时保持适当的距离，双方都会感到更舒服。与交流对象距离过近，常常会招致反感；而距离过远，又会使人感到冷漠。

爱德华·霍尔描述了人际交往的四种空间距离。

亲密距离：0.45 米以内是留给亲人和亲密朋友的距离。

私人距离：0.45～1.2 米是两人正常谈话的合适距离。

社交距离：1.2～3.6 米是公务或生意关系的常见距离。

公共距离：3.6 米以上是面对一大群人演讲的距离。

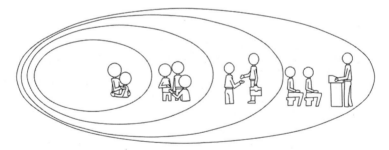

身体语言在沟通中的作用是不言而喻的。一个沟通高手，不但善于运用自己的体态语，还善于观察对方的体态语，从而达到有效的沟通。

美国心理学家阿尔伯特·梅拉比安经过大量实证研究得出

的结论是：沟通效果只有 7％是由语句决定的，38％是副语言的作用，而 55％是体态语的影响。

书面语言的影响因素，从内容到形式，从篇章结构到语句词汇，因涉及内容太多，此处从略，后面沟通技巧部分也未加讨论。

本部分讲的沟通环节和影响因素，都是我们在说服人时要充分考虑并善加运用的。

二、
具备两个条件

古希腊伟大学者亚里士多德指出："与其他人相比，人们更容易和更坚定地相信完美的人，无论在什么问题上都是这样……个人特点可以永远被看作最有效的说服手段。"

大约过了两千三百年，亚里士多德的这一看法才得到严格的科学检验。这一工作是由美国社会心理学家卡尔·霍夫兰和沃尔特·韦斯完成的。他们的研究极其简单：向许多人提出一种观点，例如，建造核潜艇是可以实现的（该实验是1951年做的，当时建造核潜艇仅是一种幻想）。告诉一些人，该观点是一位可信度极高的人提出的；告诉另一些人，该观点是一位可信度很低的人提出的。具体地说，不久的将来即可造出核潜艇的观点或者由罗伯特·奥本海默——一位世界著名的威望极高的原子能专家提出来，或者由苏联共产党的官方报纸——《真理报》提出来。在阅读这一论点之前，请读者填写一些评价表，以表明他们对这一问题的最初观点，然后再读这个宣传。那些相信宣传来自罗伯特·奥本海默的人，大部分改变了原来的观点，他们此后更坚信建造核潜艇是可行的。而那些阅读来自《真理报》的同样宣传的人，很少改变自己的观点去相信这一宣传。

说服者是发出信息的人，一个有效的说服者必须具备两个条件：一是威信，二是魅力。

（一）威信

威信包括权威性和可信性两种成分。

权威在某个领域的优势地位，使其占有更多的信息，自然容易被人相信。

在卡尔·霍夫兰和沃尔特·韦斯的研究报告发表之后，多位心理学家的不同研究反复证明了这一现象。他们使用各种不同主题的宣传，并声称这些信息是由不同的宣传者所提供的。例如，让同一位演讲者使用同一份讲稿，分别以大学教授、中学教师、护士、运动员四种身份，对四组各方面条件基本相同的听众讲解体育锻炼对身体健康的好处，发现宣传效果递减，听众更相信"教授"的话，对"运动员"的话则不以为然。又如，让小学生听一个宣传算术的用处和重要性的演讲，把演讲者介绍为某个著名大学毕业的获奖工程师，或者介绍为一个以洗碟子为生的打工仔，在影响学生对算术的看法上，工程师的看法远比洗碟工有效。可见，同样的话出自不同人之口，效果完全不同。

实验表明，少年法庭的法官比其他人更能左右人们对少年罪犯的看法；一位著名诗人或评论家可以左右人们对一首诗的看法；一个医学期刊可以影响人们对于某种药物的使用。

美国社会心理学家米尔格拉姆在一项研究中，把被试对耶鲁大学的著名科学家的命令和对一位小城市的普通专家的命令的服从率进行比较，前者得到的服从率为 65%，后者得到的服从率为 48%。

中外历史和心理学实验都表明，对权威命令的服从，甚至能导致很多人做出残忍的行为，如德国纳粹对犹太人的大屠杀。

人们在讲话前介绍官衔，名片上注明职务或学术头衔，都是为了提高自己的权威性。

卡尔·霍夫兰和沃尔特·韦斯在报告中使用"可信性"一词来代替亚里士多德论述中的"完美"。权威未必都可信，高官和专家也可能说假话。经验表明，下面四种人通常具有较高的可信性：一是自信的人，二是诚实的人，三是自己人，四是局外人。

> **沟通锦囊** 四种人通常具有较高的可信性：一是自信的人，二是诚实的人，三是自己人，四是局外人。

自信者自成。自己都不相信自己的人很难取得别人的信任，对自己的观点或产品深信不疑才会打动别人。

诚实，也就是过去的信誉，往往是取得别人信任的前提。

"诚招天下客","骗人一次终生无友"。失信于村民的撒谎孩子最后只能葬身狼口。

物以类聚,人以群分。兔子不吃窝边草。亲属、老乡、老同学、老战友以及同一民族、同一宗教、同一党派或观点相同者,大多被看成自己人,因而是值得信赖的。在英语国家,人们见面通常的招呼用语是:"How are you?"但一位美国老板每天碰到下属,却这样打招呼:"How are we today?"员工听了感到十分亲切温暖,觉得老板把他看成了自己人。

与争论双方均无利害关系的第三者出来斡旋,因为立场客观公正,容易被当事双方所接受。自卖自夸的"王婆卖瓜",通常不会取得好效果。

当然,凡事皆有例外,自己人和局外人也未必都可信。上述四点,最重要的是自信和诚实。对这两点,在下面说服的原则部分还要重点加以讨论。

(二)魅力

除了权威性和可信性之外,决定宣传效力的另一个重要因素是宣传者的魅力或令人喜爱的程度,宣传者越可爱劝诱力越大。

魅力又称吸引力,包括外表和心灵两个重要因素。

身材容貌、服饰打扮等外在因素看似不重要,但人们还是有意无意地会受其晕轮效应的影响。

有学者将历届美国总统候选人的身高与选举结果相对照,

发现一个有趣的现象：多数情况下是身材高大者取胜。这并非严谨的科学研究，很可能是样本小导致的偶然结论。但也不能认为毫无道理可言，因为也有可能是普通百姓多半不懂政治，往往觉得高大威猛者更有领袖气质。

20世纪90年代，笔者去我国台湾参加学术会议，恰逢马英九与陈水扁竞选台北市市长。电视中记者问扁妻吴淑珍："妇女和年轻人大多支持马英九，你对此有何看法?"扁嫂无可奈何地说："我若不是阿扁的媳妇也会投小马哥一票。"

以上案例并不具有普遍意义。心理学研究表明，身材容貌等外在因素通常是在非原则问题或无关紧要的小事上起作用，对大事或原则问题作用要小一些。但"美丽比一封介绍信更具有推荐力"的情况也是屡见不鲜的，所以才会有所谓公关小姐、公关先生和时装模特的职业。

沟通锦囊 身材容貌等外在因素通常是在非原则问题或无关紧要的小事上起作用，对大事或原则问题作用要小一些。

人性的弱点使我们常常因为喜欢一个人，而赞赏其观点、接受其服务或购买其产品。多年前，心理学家用简单的实验证明，一个美女——仅仅因为漂亮——能在一个与其美貌毫不相干的问题上对观众的观点产生很大影响，而且当她公开表示想要影响观众的时候其影响力达到最大程度。这说明我们容易接受自己所喜爱的人的影响。当我们对宣传者有了爱慕之情时(并不是由于他的专家身份），我们行动的目的似乎是力求使宣传者高兴。这样，宣传者越想要我们改变观点，购买某种服务或产品，我们就越会改变或购买。

除身材容貌外，服饰打扮在人际沟通时也起一定作用，因为这不但能反映一个人的身份地位，更能体现一个人的教养和气质。笔者在美洲、欧洲、澳洲学习和生活多年，发现在火车和公交车上专门抽查衣冠不整者是否逃票这种歧视穷人的现象是普遍存在的；但珠光宝气、满身名牌的土豪也同样会遭人鄙视和嘲笑。

服饰打扮最重要的是得体，所谓得体就是符合自己的角色和所在的场合。明星模特可以浓妆艳抹；学者官员就要庄重大方；参加会谈或出席宴会不着正装会显得对人不尊重；休闲娱乐场合西装革履又有些做作；看赛马、听交响乐衣着随便，会被认为不懂西方文化。

美国心理学家埃利奥特·阿伦森与哈罗德·西格尔合作完成的一个实验证明了漂亮的妇女比缺乏魅力的妇女对男人的影响更大。在这个实验中，使一位妇女或者显得有吸引力或者显得无吸引力。具体做法是：选择一个天生丽质的妇女，让她装扮成一位临床心理学的研究生去会见几个男大学生。谈话快结束时，她对每个男生的个性做出评价。半数男生收到令人高兴的评价，另一半男生收到很不好的评价。结果显示，当她打扮得不好看时(穿着松松垮垮不合体的衣服，戴着与其肤色极不协调的卷曲金色假发，面色看上去不仅油腻而且很脏)，男人们似乎不大关心从她那里得到的评价是好是坏。然而，当她打扮得十分漂亮并给男生好评时，他们很喜爱她；当她给他们的评价不好时，他们比在其他任何条件下都更不喜欢她。有趣的是，尽管那些被漂亮妇女给予了不好评价的男生们说不喜欢她，但却表示很愿意再来这里，为的是在下次实验中能再和她接触，以便有机会促使她改变对自己的评价。

阿伦森的另一项研究还表明，如果一个人相貌出众，我们会把种种优点加在这个人身上。D. M. 巴斯在 20 世纪 90 年代的一项跨文化研究发现，男性比女性更喜欢年轻貌美的伴侣，这在世界范围内是普遍存在的现象。

当然，比外表更重要的是人的心灵，即包括品德、性格、气质、兴趣等人格因素，又包含智力、知识、技能等才能因素。"金玉其外，败絮其中"的恶人，徒有其表缺少内涵的草包，都是不可能具有说服力的。无论男性还是女性，往往都会说，与美貌相比，他们更看重善良、品性、学识等优点。

"表里如一，诚信待人"。

　　"小胜靠智大胜靠德"，"以礼相待，以德服人"是千古不变的真理；性格开朗、气质高雅、乐观幽默的人往往更有魅力而受人喜欢；知识渊博、学富五车、才华横溢、技艺高超的智者或能人自然被人崇拜和信服。

　　个人魅力对宣传效果的影响有时甚至胜过专家的知识。例如，谁是刮脸刀或剃须膏方面的专家？可能是理发师，也可能是皮科专家或美容专家。但谁能影响我们使用什么样的刮脸刀或剃须膏？却可能是一位高大威猛的职业足球运动员。20世纪60年代，在美国最持久的早餐食品兜售者是前奥林匹克十项全能冠军鲍勃·理查兹。在推销麦精方面，他远比一位公认的职业营养学专家有更大的影响力。70年代，鲍勃·理查兹退休了，生产麦精的厂商再次决定不聘用营养学专家，而雇用了一位新的奥林匹克十项全能金牌获得者布鲁斯·詹纳。这表明无论谁掌握麦精广告，都被著名运动员的魅力和影响力所折服。

　　俄国作家契诃夫有言："人的一切都应该是美丽的，从面貌衣裳，到心灵思想。"具备上述两个方面，便是亚里士多德所说的完美的人，也就是一个具备了有效说服手段的人。

　　在大众传媒时代，从政治人物到演艺明星都很重视作秀和包装，以此增强个人魅力，提高自己对公众的影响力。

　　著名影星玛丽莲·梦露的前夫、美国杰出剧作家阿瑟·米勒在《政治和表演艺术》一书中尖锐指出："形象和表演对于政治非常重要。戴上面具，换上另外一种角色，政治家准备好了用自己的魅力赢得选举。"

多年前，我与学生合作翻译了美国社会心理学家埃利奥特·阿伦森的名著《社会性动物》。书中有一段十分传神的描述，引述如下。

两位候选人正在角逐总统宝座。 其中一位候选人的竞选经费远少于另一位候选人。 因此，为了最大程度获得与选民见面的免费机会，他同意参加各种各样的采访，并频繁地出现在电视辩论节目和记者招待会上，并经常在电视论坛节目中露面。 在这些场合下会见的多是老辣的记者，他们并不总是同情这位候选人，并且不时地提出刁钻的问题，偶尔还会问一些怀有敌意的问题。 因而，这位候选人发现自己总是处于被动的防御地位。 有时候，记者们会从很难看的角度给他拍照，或者抢拍其不雅动作，如抠鼻子、打哈欠和坐立不安等。 当他的母亲在家从电视上看见他松弛的眼袋，疲惫不堪、面容憔悴的样子，真是大吃一惊。有时，当他面对一个刁钻或出乎意料的问题而难以圆满回答时，他显得支支吾吾，吞吞吐吐。

而他的竞选对手却因拥有大量的竞选经费，无须在这种节目中抛头露面。 他耗费巨资，事先录制好录像带，穿插在电视节目中像广告一样播放。 由于他高薪聘请了著名摄影师和电视导演，摄影师总是选择最佳角度为其拍摄，使其显得很漂亮。 化妆师也格外卖力，尽力遮掩他的眼袋，让他看起来年轻而富有朝气。他的母亲在家里看电视时，也感到自己的儿子从未这样英俊。对于记者的问题，他事先都已准备好并且经过排练，所以回答富有哲理、简明扼要、表达生动。假如不巧，他在某个字上结巴一下或迟疑了一会儿，录像机便停止转动，然后一遍又一遍地重拍这一镜头，直至看上去完美无瑕。

上面的情景与 1968 年的总统竞选时发生的情况极为相似。在一则关于理查德·尼克松竞选内幕的专题报道上，记者乔·麦金尼斯披露了尼克松的顾问班底如何熟练地控制了尼克松呈现在美国人民眼前的形象。麦金尼斯在报道中指出，电视是诱使选民们为竞选者的形象而不是竞选者本人投票的有效手段。正如尼克松的一个部下所说："这是一个全新概念的开始……这是使他们永远当选的方法。下一个上台的人必定是个好演员。"这个论述是有先见之明的。12 年后，一个老练的影视明星唐纳德·里根正是以这样的方式竞选成功，入主白宫。时下，为了负担日渐上升的高额电视广告费用，所有的候选人（无论是竞选总统还是捕狗手）都投入大量的时间和精力到处募捐（有时甚至不惜触犯法律）。

读了这段美国学者的描述，不知某些盲目崇拜资本主义民主，试图全盘照搬西方竞选制度的国人有何想法。

包装和作秀的作用是短暂的、有限的。水门事件一暴露，尼克松立刻遭弹劾下台；拉链门事件一出，也使高大魁梧的克林顿威风不再；以善于演讲著称的奥巴马，在棱镜门窃听丑闻曝光后，也变得手足失措，威信扫地；而为消除种族隔离、争取平等和民主奋斗终生的曼德拉，却受到全世界人民的敬仰。作为政治领袖，要想得到群众的尊敬和爱戴，主要靠的是有利于国富民强的对内对外政策和全心全意为百姓服务的亲民作风。

三、

坚守三个原则

谈到沟通和说服，人们往往关注所谓谈话技巧，在"术"上下功夫，其实最重要的是与人交往的原则和态度。社会心理学研究表明，要想说服别人，必须坚守以下三个原则。

（一）自信尊人

心理学把自信看作人格的核心。一个自信的人既勇于担当，也敢于拒绝；既不自卑，也不狂妄；既不唯唯诺诺，也不吹牛皮、说大话；既不嫉妒别人，也不在意别人说三道四。胆小怕事、不敢维护个人正当权益和狂妄自大、吹牛皮说大话以及过分在意他人的看法、被嫉妒所困扰，都是不自信的表现。自信的人有合适的成就动机和抱负水准，乐于迎接挑战，能经得起失败和挫折，知道什么时候该激流勇进、坚持到底，什么时候应放弃目标、另辟蹊径，因而更易取得成功。害羞、恐惧等社交困扰以及焦虑、抑郁等心理障碍往往和缺乏自信有很大关系。

自信者说话有底气，做事坚决果断，自然容易取信于人。比如，你为别人带路，如果你犹犹豫豫、含糊其词、左顾右盼、走走停停，对方就会对你失去信任；如果你言辞肯定、毫不犹豫，即使带错了方向对方也会坚定地跟你走。

无数事实表明，在一场招聘面试中，求职者的自信心尤为重要。虽然自信者未必顺利过关、金榜题名，但不自信肯定招致失败、名落孙山。

积极心理学的倡导者马丁·塞利格曼研究发现，美国大都会人寿保险公司的推销员，如果其人格自信乐观，卖出去的保险单就会更多，在工作第一年辞职的可能性也会减少一半。

与此相对应，一个缺乏自信的人比一个自信的人更容易受劝诱性宣传的影响，更容易轻信别人而上当受骗。

西方教育非常重视培养孩子的自信心。培养自信的最好方法：一是让孩子自己做主、独立做事，使其产生自立自强的成就感；二是多鼓励、多表扬，使其在积极的情绪体验中产生正面的自我意识。个人增强自信的方法：一是多想有利的，多想自己的优点、长处和优势，多看环境中的有利方面；二是多说积极的，多说鼓舞士气催人奋进的话，少说倒霉泄气的话，用积极的自言自语，给自己积极的心理暗示；三是多做成功的，不要好高骛远，要脚踏实地、循序渐进，逐步提高目标、加大难度，增加成功的机会。

中国文化更看重谦虚谨慎，强调非礼勿言、非礼勿动，讲人情、好面子，不敢拒绝别人。这种东西方文化的差异，有时会导致双方的误解，甚至闹出笑话。

改革开放之初，早期来中国的外国专家常常对有些事不理解。例如，中国主人对他们的意见或要求经常说我们"考虑考虑"或"研究研究"，结果等了很久也无下文。他不知道主人的"考虑考虑""研究研究"实际上是婉言拒绝，因为中国人不好意思说"不"。

又比如，我们每次请客，常常自谦地说："不好意思，很简单，随便吃一点。"彼此慢慢熟识后，一位美国朋友竟然天真地问："你们的正餐吃什么?"弄得我哭笑不得，告诉他"我们给你吃的是最好、最丰盛的大餐，我们平时吃的才真的很简单"。朋友说："那你应该说请我吃大餐，否则我还以为你没把我当VIP，你的好东西是留给更重要的客人吃的。"不必要的客气导致了误解。我后来访问了美洲、欧洲和澳洲的许多国家，他们虽然饮食很简单，但请客却既正规又隆重。

这种过分的谦虚，不但会闹笑话，有时甚至会影响个人的成功。1985年，我通过考试公派去美国匹兹堡大学做访问学者。刚到美国时，我逢人便说自己英语不好，不会用电脑，"文化大革命"耽误了十几年，中国心理学很落后，表现出很强的自卑感。美国同事见了我打个招呼便各忙各的去了。有一次，我的指导教授问我以前是否做过什么研究，我向他介绍了我在国内做的高考研究，他很感兴趣，问了几个问题，并说我的研究很有意义，希望我能在他主持的研讨会上介绍一下。我当即推辞说自己英语太差讲不了，他坚持要我讲，我只好经过一番准备硬着头皮上了研讨会。会后，在我隔壁办公室的一位副教授主动找我，希望合作开展一项研究。这件事以及后来的许多经历使我认识到，西方人崇拜强者，不同情弱者。你自己都说你不行，那别人肯定认为你真的不行，当然会看不起你。

我儿子出国前请教我的一位在国外留学多年的学生，到了国外什么最重要，我的学生回答他的是"aggressive"，即要有冲劲和进取心，这正是多数中国青少年所缺少的精神。谦虚有余，自信不足，这不能不说是中国教育的一个缺憾。

自信不是孤芳自赏，骄傲自大，更不是颐指气使，盛气凌人。我们在相信自己的同时还要尊重别人。自信是阳，尊人是阴，阴阳互补，相辅相成。人际心理学研究表明，喜爱引起喜爱，尊重换来尊重。一个不尊重别人的人很难得到他人的尊重和信任。

尊重本身就具有说服力。

在我们学校门前公交车上发生的一件小事，让我永远难忘。一位妇女抱着一个两岁左右的孩子找不到空座位，女售票员走过来，一手拉着孩子的小手，另一只手轻拍一个小伙子的肩膀，边拍边笑着说："小朋友，快谢谢这位叔叔，叔叔给你让座了!"小伙子立即站起来，把座位让给了这对母子。这就是尊重的力量。如果售票员绷着脸喊："那个年轻的，给抱小孩的让个座!"小伙子可能望着窗外不理她，或装没听见。如果她用手拍小伙子肩膀说："没看见吗？给让个座！"小伙子可能说："动什么手？我有票！"弄不好还会打起来。但这个售票员所用的办法，百分之百有效，哪怕就是个地痞流氓也会站起来让这个座。后来才知道这是一位模范售票员。

有位乘客在公交车上吃瓜子，边吃便将瓜子皮吐在车厢内，售票员礼貌地上前制止，他非但不听还将瓜子皮有意往售票员小姐脸上吐。售票员从小桌里找出一张报纸卷成筒，面带微笑地举在他面前接瓜子皮。挑衅者顿时面红耳赤，连声说"服了！服了！"估计还没到目的地便下了车。

早晨上班高峰时段，公交车十分拥挤，经常有扒手趁机作案。倘若有乘客钱包或手机被偷，通常的做法是，将全体乘客带到终点站，由安保人员或警察上车处理，这样做会耽误乘客上班并影响有急事者，常常遭到乘客反对。有位司机遇到这种情况后，大声对乘客说："为了节省时间，请大家闭上眼睛一分钟，若过一会儿钱包能找到，我们就不用劳警察大驾了！"一分钟后果然有人在地上发现了钱包。乘客皆大欢喜，称赞司机聪明。

20世纪80年代，心理学科班出身的著名德育专家曲啸，一次应某少管所之邀为几百名少年犯做报告。开场前他为如何称呼台下听众犯了难，他们既不是领导，也不是同志，更不是普通朋友，斟酌再三，他上台后的第一句话是："触犯了国家法律的少年朋友们，大家好！"立刻换来一片热烈的掌声。整个报告过程中，会场鸦雀无声，没有发生一起往日开会时令管教人员无可奈何的"报告政府！我要上厕所"的骚动。一个蜚声海内外的大专家竟将自己称作朋友，令这些从来不招人待见的孩子们十分感动。"你敬我一尺，我还你一丈。"这是讲哥儿们义气的江湖少年的信条。曲啸在总结这次报告的成功经验时特别强调了尊重的作用。

我在美国访学时，听到的两个小故事也很能说明尊重人格、尊重隐私的力量。

一位大企业老板，偶然路过一个平时很少去的厂房，顺便进去看看。几位工人因临时停电无法工作，边抽烟边聊天。就在他们身后的墙上，有一个禁止吸烟的警示牌。突然发现老板来了，工人很紧张，以为一定会受到训斥和惩罚。但老板却面带微笑主动打招呼，问候几位员工，看到他们手中有烟，便掏出自己的高档烟，一边敬烟一边说："请各位师傅尝尝我这个。"随手拿出打火机，一抬头看到墙上的禁烟牌子，便说："这里禁烟，我们到门外吸吧！"走出厂房，老板给每位员工点了一支烟，聊了一会儿家常便离开了。此事很快传遍全厂，员工们感动不已，从此，厂房内禁烟成为每个员工的自觉行动，而不是单纯靠惩罚来强制。

一位顾客在商场选衬衣，见周边无人，又没发现摄像头，便将一件放入包中，将另一件同一款式但颜色不同的衬衣拿到门口付款，付完款刚要离开，商场老板走过来礼貌地说："女士，请留步！"随后把她带到经理室，室内的监控录像屏幕正定格在该顾客往包里放衬衣的画面上。顾客紧张地说："老板，您要报警吗?"老板说:"女士,您说到哪去了!您能光顾我的商场,鄙人感到十分荣幸!今天您买两件衬衣,有一件一时疏忽忘记付款,您现在补付一下就行了。按本店规矩,同一种商品买两件,另一件九五折。"顾客付完款,老板将她送出门,笑容可掬地说:"欢迎您再来!"有下属对老板的做法很不理解,问他"抓了小偷为何不报警?"老板回答说:"抓小偷是警察局的事,我是开商场的,顾客是我们的上帝,那是万万不能得罪的。如果我报了警或对她罚了款,她不但不会再来,而且可能到外面说我们的坏话,败坏我们商场的信誉。我们今天对她以礼相待,我相信她以后会再次光顾我们的商场,而且再也不会一时疏忽忘记付款了。"

尊重客户,和气生财。

尊重下属，尊重客户，和气生财，这是许多成功企业家的经营之道。

对人的尊重可表现在日常工作、生活和与人交往的很多方面。约会遵守时间，耐心听人讲话，记住对方的名字，衷心赞赏别人等，都是对人的尊重。"请""谢谢""对不起"是最常用的对人表示尊重的礼貌用语。

西方一些老板和官员在去某部门视察之前，往往让秘书先介绍一下马上要见的是何许人，见面之后立刻叫出对方的名字或某先生、某小姐，令下属十分感动。

一次学术会议开始前，我正与老朋友聊天，一位先生兴冲冲地过来同我握手并热情问好，我一下愣住了，想不起来者是谁，场面很尴尬，对方见我没认出他来，便转身走开了。事后得知这是外地来开会的一位教授，我们多年前见过一面，人家记得我，我却不记得他了，显得很失礼。以后我们有个项目请他合作，不但被婉言谢绝，还私下说：人家北京的大教授，怎么会把我们放在眼里。

高举人本主义大旗的美国心理辅导、心理治疗大师罗杰斯提出，心理辅导与治疗有效的三个必要条件是"真诚""通情"和"无条件积极关注"，这三条都体现了尊重的原则。

所谓真诚，指的是与人交往时认识、情感与行为的一致性，即所想、所感、所说、所做的统一。这是人际交往的基本准则。只有真诚的尊重，才能打动人。无论一般人际沟通还是思想政治工作，其有效的首要原则都是真诚。美国《独立宣言》的起草者、民主精神缔造者、杰出的科学家、外交家本杰明·富兰克林说："人与人之间的相互关系中对人生的幸福最重要的莫过于真实、诚意和廉洁。"人际关系学家卡内基总结了要使别人喜欢你的原则之一，就是"使别人感觉重要并真诚地这样做"。美国心理学家安德森研究发现，在人最受欢迎的个性品质中排在第一位的就是真诚。与人相处必须捧出一颗真心，相见以诚，说老实话，办老实事，做老实人。口是心非，言行不一，说的一套做的一套；虚情假意，阳奉阴违，当面一套背后一套；台上握手脚下使绊子，明是一把火暗是一把刀，这种口蜜腹剑、善搞阴谋诡计的小人，大家避之唯恐不及，讲起话来自然无人相信。他可能在某些时候蒙骗某些人，但不可能在所有的时候蒙骗所有的人。只有光明正大，襟怀坦白，言行一致，表里如一，身体力行，以身作则，要求别人做到的自己首先做到的领导才能取信于民，才具有说服力。真诚要以不伤害对方为前提，偶尔说一点善意的假话也是可以的。心直口快，口无遮拦，因说话不讲分寸而得罪人也是不可取的。有效的沟通交流需要坦率，但坦率有时会给人带来伤害。解决这个两难问题的方法是，当对方言行令自己不满时，尽量表达自己的感受，而不要对其作道德判断和人格评价。

沟通
锦囊
　　有效的沟通交流需要坦率，但坦率有时会给人带来伤害。解决这个两难问题的方法是，当对方言行令自己不满时，尽量表达自己的感受，而不要对其作道德判断和人格评价。

　　所谓通情，指的是能设身处地，站在对方的角度去感受和体验，并将这种感受和体验表达给对方。通情有别于同情。同情是强者对弱者居高临下的怜悯，通情是完全平等的感同身受。善于通情才有亲和力。通情是人格特别是情商的重要成分，也是和谐社会的构成要素。只有废除针锋相对、势不两立、你死我活、残酷无情的斗争哲学，在全社会倡导并普遍培养宽厚善良的个性品质，使官员和百姓、领导和下属、商家和顾客、教师和学生、父母和子女、丈夫和妻子以及同事之间、邻里之间，乃至路人之间，都能彼此理解，相互体谅，必要时换位思考，替对方想一想，才可化解许多矛盾冲突，社会也才能更加安定和谐。孔老夫子说："己所不欲，勿施于人。"伊斯兰教的《古兰经》中说："你希望别人如何对待你，你就如何对待别人。"这是人际交往的"黄金法则"（golden rule）。有人补充了一个更有助于人际交往的"新黄金法则"：别人希望你怎样对待他，你就怎样对待他。而许多人奉行的却是人际交往的"反黄金法则"：我如何对待别人，别人也应如何对待我。如在日常生活中常听到抱怨："你这个没良心的，我对你这么好，你却不知回报！"己所不欲施之于人，固然是对人的不尊重，有时己之所欲施之于人，也是对人的不尊重。比如，我们喜欢在餐桌上为客人夹菜，这在中国人看来是热情好客的表现，但在某些西方人看来却是对他的不尊重，因为你夹的菜他未必喜欢吃，此时还是"自己动手，丰衣足食"为好。某些西方国家特别是美国的政客，喜欢把自己的"人权"观和政治制度强加给其他国家，这更是缺乏起码的尊重的表现。

所谓无条件积极关注，是以人为本的操作层面，指的是无论对任何人都要从正面来看，即多看优点长处和进步，多关注积极因素和好的方面，无条件给予尊重，从而以鼓励表扬为主，用积极因素克服消极因素。只有这样，个人才有安全感，群体才有凝聚力。古人云："尺有所短，寸有所长。"用其所长，都是人才；用其所短，全是蠢材。没有优点的人和没有缺点的人一样，都是不存在的，关键是要无条件地去发现。苏联教育学家马卡连柯，对工学团中一个逃跑未遂的不良少年，不但未给予处罚，还称赞他勇敢，并委以重任让他去取一笔款。我国著名的教育家陶行知，表扬一个因打架被叫到自己办公室的孩子能准时来，奖励他一块糖；打架是因为路见不平，有正义感，又奖励一块糖；孩子肯认错，再次奖励一块糖。模范班主任刘纯朴，夸奖一个被称作淘气大王、调皮大王、打架大王的小学生身体好，并鼓励他在校运动会上为班级争光。某老师让一个学习差、爱打架并试图炸地球而暗中钻研天体物理的初一学生，给全班作一场"从流星雨谈起"的学术报告，使其发生了转变。

某教授称赞两位因对分班不满意带领全班同学去校长那请愿的
高中生有组织领导能力，请他们协助老师维持班级纪律。以上
几个无条件积极关注的案例都取得了很好的教育和说服效果。

　　美国心理学家沃尔斯特·伊莱恩通过一个精心设计的实验
证明，越是缺乏安全感的人越渴望得到别人的尊重，因而也越
喜爱那些尊重自己的人。

（二）实事求是

　　实事求是是毛泽东思想的灵魂，也是中国共产党的光荣传
统，更是取得反帝反封革命胜利和社会主义建设成功的重要
保证。

　　实事求是表现在工作上就是一切从实际出发，不唯书，不
唯上，反对生吞活剥经典的本本主义和简单照搬他人经验的教
条主义。

　　实事求是表现在人际交往上，就是无论对自己、对他人还
是对事情，都要一分为二，不做作、不矫情、不掩饰、不虚假，
对优点不夸大、对缺点不否认。

　　只有实事求是的宣传才是最具说服力的。

　　我在美国期间，看到一种眼药水的说明书上，在适用范围
一栏后面，特意注明该眼药水"对真性近视无效"。中国人对此
颇为不解，认为只要写明其功能对什么眼病有效不就行了吗！
干吗多此一举、画蛇添足呢？美国朋友解释说："如果不加这一

条，一些粗心的患者买回去用了无效，就会败坏产品的信誉。"而中国的某些不良商家，在推销产品时往往含糊其词，多卖一瓶是一瓶，还自以为聪明。两相对照，不能不让人汗颜。

一个药品广告在介绍了该药的功能和适用范围后，不忘加一句："当然了，您大病还得看医生。"使顾客体验到商家的责任感和对患者的关心。这比某些自吹自擂包医百病的药品宣传，效果不知要好多少倍！

美国一家汽车公司，为了提高广告宣传的效果，做了下面一项对比研究：在一个城市投放的广告，只宣传某型号汽车的优点，诸如，安全、省油、马力大、造型美观等；在另一个人口结构、经济水平等各方面都与前一城市大体相当的城市，除介绍该汽车的上述优点外，还指出了一点缺欠——车门内拉手用起来不大顺手。令人不解的是，在第二个城市销售得更好、销量更多。这是为什么呢？因为只讲优点，顾客未必完全相信，加了一条缺点，人们对优点就更相信了。这就是广告的辩证法。

1985 年，国内一个有名的杂技团去美国洛杉矶演出，头几场反响还好，但有一场发生了失误，在一个传统节目中，演员把抛在空中的坛子掉在地上摔碎了，大家都担心后面几场的票房会受影响。出乎所有人预料的是，接下来的演出竟然场场爆满。电视中记者问排队购票的观众："他们演出失误了，说明水平不高，你为什么还要看？"受访者回答："我本来没想看，认为演出都是假的，后来才知道中国人表演的都是真功夫，真功夫才好看！"一次小小的失误，增加了真实感，提高了可信性。

20 世纪 60 年代初，刚刚当选美国总统的肯尼迪个人声誉很高，他年轻、英俊、机敏、诙谐，有强健的体魄和人格魅力。1961 年美国侵略古巴遭到"猪湾惨败"，肯尼迪并未尽力替自己开脱，相反，却勇敢地承担起那个错误的全部责任，他的威望不但未下降反而得到极大提升，至今还是美国人心目中最有作为的总统之一。金无足赤，人无完人。大人物也会犯错误，使大人物变得更真实、更有吸引力。

阿伦森等人通过一个巧妙设计的复杂实验证明，犯了错误的能力超凡的人比十全十美的人更受人喜爱。文过饰非，推诿责任，把一切功劳归于自己，有了错误嫁祸于人的领导者，是不可能取信于民的。

在索契冬奥会上，开幕式上的五环图案出现故障，少了一环，主办者没有掩盖失误，而是通过闭幕式表演的一个幽默（先出现四环，正在观众惊讶不已时补上第五环），巧妙地承认了开幕式上的纰漏，赢得世人的普遍好感和赞赏。

上述事例充分说明，无论政治宣传还是经济宣传，实事求是都是永远不能违背的重要原则。

一个人如果一句错话不说，一个错误不犯，那就不是人而是神了；如果空话、套话满口，大话、假话连篇，那就不是人而是鬼了。对于神，人们只能敬而远之；对于鬼，则避之唯恐不及，或许还要奋起歼之。

一个道貌岸然，正襟危坐，用面具把自己包得严严实实的人，不但自己活得很累，还令人生厌，甚至遭人痛恨。作为一个人，还是活得真实一些为好。

（三）不谋私利

阿伦森在《社会性动物》一书中指出，假如一个人说服别人自己不但得不到什么，还可能失去一些东西，人们就会信任他，他也会因此而更有影响力。一种宣传若对宣传者没有任何好处，甚至可能有某种危害，这样的宣传往往最为有效。这就是著名的"反自我利益"原则，即反自我利益的宣传最易被人接受。

他在书中列举了一些反自我利益宣传的事例和实验研究。例如，一个罪犯主张要有更严厉的法庭和更严厉的判决，人们多数会赞同其观点；而当他鼓吹法律和司法部门应更宽大一些时，人们便很少接受。这说明亚里士多德的看法并非完全正确，只要一个宣传者在劝导我们时，他自己显然一无所得(甚至会失去些什么)，尽管他可能是一个很不吸引人的、道德败坏的人，他的宣传仍有效力。又如，让一位有许多工厂的老板来对一些实业家讲环境保护的重要，往往比官员和环保人士的宣传更有效。因为加强环保意味着企业要付出更多的成本，对老板并不有利。所有的实验研究和大量的生活实例都表明，只要一个宣传者所表明的态度与其自身利益相反，他的可信性或宣传的有效性就会增加。

2001年，美国"9·11"事件后，身家270亿美元的超级富翁布隆伯格自费竞选当选为纽约市长。他乘地铁上班，自费开销，不领薪水，做市长 12 年倒贴 6.5 亿美元。在他任期内，纽约的犯罪率降到几十年来最低；酒吧、公园和海滩等公共场所，吸烟被完全禁止，令纽约面貌大变，他因而打破惯例，成功连任三届市长，于 2013 年 12 月 31 日卸任。71 岁的他使用老年折扣卡乘地铁回到家中。

在日常生活中，我们也会看到反自我利益宣传成功的案例。好多年前，我在景区张家界的半山腰，看到一简陋茶摊，茶摊前挂一小纸板，上面写的是：

"人生维艰苦难多，

处处上当受骗。

请君提起勇气，

掏一块钱，

喝一杯茶，

再上一当！"

很多爬山累了想歇歇脚的游客，念完后不但不反感，还边笑边说："咱也来上一当！"这是聪明老板的一个成功广告，利用的正是反自我利益原则。如果摊主喊："大碗茶便宜了，一块钱一碗！"一定不会有这么好的效果。一些游客不但不会买，还可能骂他心黑宰人。是反自我利益消除了游客的逆反心理。

一个办事公道、不谋私利的人自然会得到周围人们的信任。从 1980 年起，我开始担任北京师范大学心理系 1978 级班主任的工作。接手后，为了尽快了解班级情况，特别是人际结构，我运用社会计量法，搞了一次简单调查，题目是："如果出外郊游, 你愿意跟谁一起去?""如果成立学习小组, 你愿意跟谁在一组?""如果毕业分配领导小组需要一位学生代表, 你认为谁最合适?"对前两个问题的回答人员比较分散, 对第三个问题的回答却集中指向了一位同学。通过私下询问, 使我茅塞顿开。多数同学的回答是: "这个哥儿们讲义气, 不怕吃亏, 如果毕业分配方案中有一个边疆名额, 他不会动员我们, 而会对主管分配的老师说, 大家都不愿去, 那就我去吧!"后来发现, 该同学在班上威信最高, 很有号召力。

新东方教育集团的俞敏洪, 在创业之初十分艰难, 经过几年打拼, 事业有了较大发展, 感到人手不足, 于是去美国邀请当年在北京大学的同窗好友回国共创大业。据说, 他当时穿着名牌西装, 请好友吃大餐, 宣传国内发展快, 赚钱容易, 与其在国外洗盘子还不如回国一块儿发财。有几个哥儿们果然被他游说回了国。但后来一个哥儿们对他说: "老俞! 不要以为当年是因为你穿名牌、吃大餐, 我们才跟你回来的。我们回来的真正原因是在北大同宿舍住了几年, 扫地打水的活大部分是你干的, 任劳任怨, 就凭这一点, 我们觉得可以跟你共事。"

为人处世怕吃亏, 斤斤计较, 好打小算盘, 老想占便宜的自私鬼, 既不会有朋友, 也不容易说服别人。

改革开放后, 中国社会一度出现了所谓信仰危机。有人指责当代年轻人是垮掉的一代, 没有理想, 没有信仰, 因此要加强思想政治工作。但也有人提出理想信仰教育过时了, 思想政治工作不灵了。

思想政治工作究竟灵不灵？遥想当年，中国共产党成立时只有几十名共产党员，为什么仅仅 28 年就推翻了压在中国人民头上的三座大山，取得了民族民主革命的胜利呢？当然靠发动群众，调动千军万马；发动群众主要依靠的就是思想政治工作，靠理想信仰教育。为什么在那种极端艰苦的条件下，广大群众会跟共产党走呢？因为那时的共产党人宣传马列主义、共产主义是真诚的。"砍头不要紧，只要主义真"是革命者的真实写照。他们对所宣传的主义发自内心地信仰，非常虔诚和执着。他们在宣传马列主义、共产主义过程中无任何私利可图，得不到任何好处，得到的只有坐牢杀头、流血牺牲，如果不是真信，就不会干这种"傻事"。个别投机革命的很快成为叛徒，少数不坚定的也会成为逃兵。大浪淘沙，为革命壮烈牺牲和经受艰苦卓绝考验坚持到最后的人都是真正的革命者。

在改革开放的年代，为什么出现了所谓信仰危机呢？用反自我利益原则可以做出很好的解释。过去的宣传者是真诚的，而现在的某些共产党员、干部，他们宣传马列主义、共产主义是不真诚的，他们自己并不真信。不信为什么还要说呢？一言以蔽之，因为能得到好处。他们认为只要高喊口号，就能入队、入团、入党，就能升官发财。在革命战争年代，老百姓感到共产党人真的是为穷人翻身得解放、建立没有剥削、没有压迫的社会而奋斗，当然要跟共产党走。反观现在的某些说教者，套话空话漫天飞，大话假话肆意行。满口仁义道德、豪言壮语，满肚子私心杂念、男盗女娼。口中喊着大公无私、无私奉献、毫不利己、专门利人的口号，干的却是假公济私、贪污腐败的勾当，好话说尽，坏事做绝，让老百姓"吃苦在前"，却自己"享受在后"。老百姓可以受骗一时，但不能受骗永远。这就是信仰危机的真正根源！信仰危机首先发生在党内，发生在某些共产党员特别是领导干部身上。

出了信仰危机，不要责怪老百姓，更不能指责青少年。要想克服信仰危机，必须从严惩和预防腐败做起。这是促进社会安定和谐的治本之道！只有对腐败官员严惩不贷使其不敢贪，把官员的权力牢牢关在制度的笼子里使其不能贪，加上"不忘初心"的理想信仰教育使其不愿贪，才能杜绝腐败，从而恢复党和政府的威信。如果共产党员、领导干部，还能像革命战争年代那样，与群众同甘苦、共患难，全心全意为百姓服务，真正做到"权为民所用，情为民所系，利为民所谋"，怎么还会发生信仰危机呢？

近年来，在商品大潮的冲击下，由于忽视思想政治教育，加之不良媒体的诱导，不但官吏腐败层出不穷，普通百姓中道德沦丧、价值扭曲的事例也时有发生，功利主义、拜金主义成了司空见惯的事情。不断升温的"公考"热令人深思，许多人就是奔着公务员工资高、福利好，还有灰色收入去的。有些大学生在谈到入党动机时，毫不掩饰地宣称入党是为了当公务员，一茬又一茬的贪官污吏就是这样起步的。这样的党员多了，不但不能增强党的战斗力，还会败坏党的声誉。最近，党中央痛下决心严惩腐败，既打老虎又打苍蝇，狠刹不正之风的文件连续出台，作威作福的权力没有了，灰色收入也没有了，使某些人感到现在的干部和公务员不好当了，甚至想跳槽改行了，"公考"热也开始降温了，这是大大的好事！

有人担心，得不到好处谁还愿意入党做官呢？世界上总有少数理想主义者，通过培养教育，有理想、有信仰的人还会越来越多。中国现在有八千多万共产党员，哪怕只有百分之一也就是八十万党员是为中华民族繁荣富强、为全国人民谋幸福的真正布尔什维克，让他们担任各级领导干部管理国家，共产党的江山就绝不会丢，红色中国就永远不会改变颜色。

媒体上报道的两个案例很能说明问题。

伊拉克战争期间，我国一大国企见情况危急决定撤回国内。领导班子决定：撤退时要先一般员工后管理干部；先基层干部，后领导干部；先普通群众后共产党员。在这一原则下企业平安有序地全部撤回了国内。

某政府机关最后一次福利分房，党委会做出一个重要决定：各级领导干部一概不许申请，这最后一批福利房一定要分给最困难的员工。房子分完，党委领导威信大增。有群众赞扬说："这才是真正的共产党的干部！"

四、

做好四个结合

除了态度和原则最重要外，对沟通效果具有重要影响的另一个因素是在宣传或说服过程中所采取的策略，本章讲的四个结合和下一章讲的五种效应基本上都属于策略问题。

（一）先入为主与后发制人结合

不同观点或双方论点出现的顺序会影响某一方的说服效果，这种顺序效应涉及学习和记忆问题。

先请看《列子》中的一则寓言：

宋有狙公者，爱狙，养之成群，能解狙之意，狙亦得公之心。损其家口，充狙之欲。俄而匮焉，将限其食，恐众狙之不驯于己也，先诳之曰："与若芧，朝三

而暮四，足乎？"众狙皆起而怒。 俄而曰："与若
芋，朝四而暮三，足乎？"众狙皆伏而喜。

翻译成白话文是：

　　宋国有个叫狙公的老头儿， 很喜欢猴子， 在家
里养了一大群。 时间长了， 他能理解猴子的意思，
猴子也能听懂他说的话。 老头儿宁愿减少全家的口
粮， 也要让猴子吃饱。 后来家里的粮食一天比一天
少了， 他想限定一下猴子吃食的数量， 但又怕猴子
不顺从自己， 就先欺骗猴子说： "从今天起， 你们
吃的橡子要定量， 早上三个， 晚上四个， 够了
吧？"猴子听了一个个都跳起来表示愤怒。 老头儿见
猴子嫌少， 就重新宣布： "那就早上四个， 晚上三
个， 这样总够了吧？"猴子听了， 一个个伏在地上，
非常高兴。

这个"朝三暮四"的故事形象地表达了先入为主的重要作用。
心理学家用多项实验证明了先入为主现象的存在。
一个早期的实验是所罗门·阿希做的，他以两种方式介绍
同一个人，第一种说他是个"聪明、勤勉、冲动、挑剔、顽固、
嫉妒"的人；第二种说他是个"嫉妒、顽固、挑剔、冲动、勤勉、
聪明"的人。结果第一种介绍带给听众的整体印象要比第二种好

得多。

阿希的最初发现已被许多方式重复过多次。在爱德华·琼斯及其同事的实验中，让一群人观看甲、乙、丙三位学生解答30道问题的录像带。开头甲生的回答迅速而正确，乙生却一再出错，但后来甲生越错越多，而乙生的表现越来越好，丙生从头到尾都是有对有错，没有规律可循，最后三人答对的总题数都是15道。看完录像，请大家评估三名学生的能力，结果大部分人认为先对后错的甲生比先错后对的乙生更聪明，而且错误地认为甲生答对的题数比乙生多。

托里·希金斯、威廉·罗勒斯、卡尔·琼斯让一组被试记住一些关于性格的正面词汇（如：敢作敢为、自信、独立、坚持不懈等），让另一组被试记住一些负面词汇（如：鲁莽、自以为是、孤僻、顽固等）。五分钟后，让所有被试阅读一段关于虚构人物唐纳德的文章。这段文章描述了唐纳德的所作所为，这些行为既可以解释为敢作敢为，也可以解释为鲁莽（如跳伞运动员在降落伞张开之前做的空中造型动作）；既可以解释为自信，也可以解释为自以为是（如对自己能力的看法）；既可以解释为独立，也可以解释为孤僻（如不依赖任何人）；既可以解释为坚持不懈，也可以解释为顽固（如很少改变想法）。然后让所有被试用自己的话来描述唐纳德，并评价对他的喜爱程度。结果显示，先入的信息影响被试对唐纳德的印象：当负面的个性描述先入时，被试用负面的词汇来描述唐纳德；与正面个性描述先入的被试相比，他们认为唐纳德更不讨人喜爱。

心理学研究表明，当人的大脑一片空白时，很容易接受一种新的知识或理念。好比一块白板，写起字来格外清晰，倘若上面已经涂满字画，再写上去就很难看清了。如果一个人头脑中已经形成某种观点或态度，对后来进入大脑的东西就会产生干扰，削弱甚至抵制后来的信息，或者用已有观点对后来的信息做出不同的解释。另外，根据注意力递减理论，随着疲劳和注意力的转移，对后来信息的关注便会减少。

人们在日常交往中彼此的第一印象往往非常深刻，甚至会形成某种偏见，以后要用很大的力气才能改变。这就是先入为主的强大影响，通常称作"首因效应"。

小孩子记性好，儿歌和诗词很容易背下来，可能同他们大脑中信息少、干扰小有关。心理学家在记忆研究中把先前学习的内容对后来学习内容的干扰称作"前摄抑制"，把后来学习的内容对先前学习内容的干扰称作"倒摄抑制"。

在人际沟通时先入为主固然重要，但后发制人的作用也不容忽视。

后发制人指的是在对方行动之后，根据对方的弱点采取相应对策，从而变被动为主动。

在西方国家，人们在竞选总统、市长或议员时，为了争取选票，通常要进行演讲和辩论。此时讲话的先后顺序就对其效果有微妙影响，但很难说孰优孰劣，必须考虑许多情境因素，特别是双方演讲的时间间隔和演讲与做决定之间的间隔。

　　若一个人讲完之后另一个人马上讲，双方讲完之后过几天才投票，在这种情况下先入为主效应和前摄抑制十分明显，而记忆和遗忘效果的差异微不足道，因此，谁先讲谁占优势。若两个人演讲之间有茶歇或午休，第二个人讲完之后立刻投票，此时后发制人和倒摄抑制效果更为显著，因为后者可以在午休或茶歇时间根据对方所谈的内容搜集资料证据、组织论点论据有针对性地加以反驳；而且讲后立即投票，听众可能只记住了最后听到的东西，也就是对第二个人讲的内容记忆犹新，而记住第一个人的多半是被后者反驳过的东西，这就是后发优势，亦可称作"近因效应"。

　　由诺曼·米勒和唐纳·坎贝尔做的一个巧妙实验证明了上述分析和论断。该实验安排了一个陪审团的模拟审讯，给被试提供的是一个真实审讯副本的缩写本，将原告一方的所有论点印在一起，被告一方的所有论点也印在一起。研究者改变阅读

"法官大人，我们已经开始相信原告的陈述。"

两方论点的时间间隔和阅读第二方论点与做出裁决之间的时间

距离。结果发现，在阅读一方论点和阅读另一方论点之间的间隔长、阅读第二方论点和最后判决之间的间隔短时，可获得近因效应；反之，在阅读一方论点和阅读另一方论点之间的间隔短、阅读第二方论点和最后判决之间的间隔长时，可获得首因效应。这一研究表明，顺序效应具有重大的实践意义。司法部门应该检查审讯过程并采取必要的措施以防止首因效应和近因效应对审讯结果的影响。

在演讲和辩论之外，若自己写文章或做报告，则应首先旗帜鲜明地亮出正面观点并加以系统阐述和论证，然后抓住对方观点的薄弱处给予反驳，最后再回到自己所主张的观点上来，这就把两个效应的优势都发挥出来了。

沟通锦囊

应首先旗帜鲜明地亮出正面观点并加以系统阐述和论证，然后抓住对方观点的薄弱处给予反驳，最后再回到自己所主张的观点上来，这就把两个效应的优势都发挥出来了。

（二）单面论证与双面论证结合

所谓单面论证就是只讲正面道理，仅仅呈现单方面论点，也就是自己的一面之词；所谓双面论证就是两方面观点都讲到，不但论述正面观点，还包括对反面观点的驳斥。

这两种策略哪种更好呢？如果一个宣传者提到了相反论点，这可以说明他是一个客观、公正并对自己的观点充满自信的人，因而能增加宣传者的可信性。但另一方面如果一位宣传者过多地提到相反论点，则可能向人们暗示该问题是个有争议的问题，或宣传者对自己的论点不够自信，从而使接收者感到迷惑不解和犹豫不决，因而会极大地降低宣传的劝导效力。可见对上述问题并没有简单答案，具体说来要考虑下面几个因素。

首先，要考虑的是说服对象的特点，包括其智能水平和最初态度。

如果你的听众是知识分子或智商高的人，最好的宣传效果是双面论证，因为即使你不讲反面观点，他们也可能自己构想出或从其他信息渠道(如报纸杂志或网络)获得反面观点，会认为你讲得不够全面，并推论你不是有偏见就是无力反驳；而且对反面观点他们也具有分析批判能力。接收者越有知识，受单方面宣传影响的可能性越小，而受那种举出主要相反论点并逐一加以驳斥的两方面论证的宣传影响的可能性越大。与此相反，如果听众是不大容易接触到反面观点的文化程度很低的人，你又讲正面观点，又讲反面观点，会把他弄糊涂，搞不清到底哪个对，所以对普通大众，我们历来强调以正面教育为主。

听众的最初态度也很重要。如果听众本来就与你观点相同，此时讲正面观点，对方听起来十分顺耳，会产生一拍即合的效果，从而对该观点更加坚定。如果对方原来的观点与你截然相反，听到你的观点会很不舒服，从而产生逆反心理，甚至会关闭信息通道(拂袖而去或改换电视频道)。对于原来持中立立场的听众，倘若你只讲一面之词，他会认为你不够客观。因此对于后面两种人，单面论证的效果往往不好，最好采用双面论证，实事求是地分析正、反两方的意见，此时驳斥性宣传更有说服力。

无论西方还是东方，资本主义国家的许多政客都深谙此道，他们往往根据不同的对象发表不同类型的演讲。面向本党派的忠实信徒，几乎总是投其所好，发表一套能引起会场气氛活跃的论点，宣扬他们自己的党纲和政治主张。如果谈到反对派，其腔调总是嘲弄、讽刺或滑稽的模仿。而当他们出现在电视节目上或对各式各样的观众谈话时，则采取一种政治家的大度气概，在着手推翻相反论点前，先合理而准确地陈述那个相反的观点。

其次，要考虑的是任务的时间性。如果在你报告完之后，要求听众马上采取行动，例如，投票、捐款、上街游行或义务劳动，那只做正面鼓动就够了；如果你讲完之后，听众要过一段时间才付诸行动，那就要做双面论证，因为在间隔的这段时间内听众有可能接触到反面意见，从而使态度发生改变，而你若事先讲到了可能的反面意见并略作批驳，就相当于打了预防针，使其对反面观点产生免疫力。

究竟采用双面论证还是单面论证，将上面提到的两个影响因素概括起来，主要就是看对方有无可能自己构想出或从外界接触到反面观点。

（三）隐喻暗示与直言明示结合

所谓暗示指的是不自觉地、下意识地受了自己、别人或环境的影响。受自己的影响称作自我暗示，受别人的影响称作他人暗示，受环境的影响称作环境暗示。这种心理暗示可以是积极的，也可以是消极的，不但能影响人的信念、情绪和行为，甚至能让人的生理发生改变。杯弓蛇影、望梅止渴都是心理暗示的反映。

所谓明示就是直话直说，不绕弯子，不搞隐喻，不含糊其词，不含沙射影，将观点和意见明确地告诉对方。

暗示和明示各有所长，亦各有所短。运用之妙，存乎一心！

据说当年曾国藩镇压太平军遭受挫折，要写奏章上报皇帝战况，文书初稿写的是"臣自出师以来屡战屡败"，曾国藩觉得这样报上去，肯定龙颜大怒，于是提笔改为"臣自出师以来屡败屡战"，皇帝看了龙颜大悦，认为自己用人得当。

曾国藩的这种看似半斤八两的文字游戏就是对语言暗示的巧妙运用。屡战屡败给人的感觉是打一仗败一仗，很无能；而屡败屡战给人的感觉是败了坚持打，很顽强。

无独有偶，某一国企没完成生产任务，老总让新来的秘书给上级写报告汇报生产情况，秘书写好后老总不满意，请办公室主任修改。主任也曾当过老总秘书，深知其中的奥秘，将原报告中"由于暴雨成灾，本季度减产百分之五十"，改为"虽然暴雨成灾，本季度仍然完成百分之五十"，对其他的消极语言，也做了类似的正面阐述，老总对修改后的报告十分满意。道理很简单，前者给人的暗示是领导无能，下点雨就减产；后者给人的暗示是企业尽了很大的努力，取得这样的成绩很不容易。

在美国，看到这样一则药品广告："没有哪一种阿司匹林比××牌的阿司匹林见效更快、副作用更小!"很多患者都去买这种阿司匹林，认为它是最好的。其实天下阿司匹林的成分都是一样的，但如果广告说"××牌的阿司匹林和其他阿司匹林见效一样快，副作用一样大"，就不会有这样好的效果。如果广告说"××牌的阿司匹林见效最快，副作用最小!"则会因违背广告真实性法案，而受到严厉处罚。这就是暗示的优越性。

一家鱼餐馆总在门前挂一张湿漉漉且沾满鱼鳞的渔网，顾客在用餐时大多边吃边赞扬鱼新鲜。其实这只是老板的推销技巧，他的鱼未必都是活的，不过是在无人时将洗鱼的水泼到渔网上起的暗示作用。但如果他明确说自己餐馆的鱼都是刚打上来的活鱼，就难免会遭到顾客的投诉而吃官司。

商家用美女、明星、模特为化妆品做广告，用拳王、球星、大力士为饮料或食品做广告，通常效果都不错，这就是广告师对心理暗示的成功运用。但也有拙劣的广告师用慈禧太后老佛爷的肖像为化妆品做广告，效果适得其反，因为在人们的心目中慈禧是丧权辱国的代表，而且老佛爷的照片都是晚年的，并无丝毫美感，即使再吹嘘所谓"宫廷秘方"，也很少有人买。这是广告暗示的失败运用。

对催眠的研究表明，催眠师权威性越高，被催眠者越容易接受其言语和行为的暗示，催眠效果越好。

几年前，笔者受中组部派遣到中国浦东干部学院任访问教师，在中浦大讲堂上听过全国政协外事委员会副主任兼发言人赵启正先生的一次报告，他在报告中感触颇深地说："我们的宣传把话讲在表面，政治术语过多，西方宣传像讲故事，隐含着说自己好。"

人们通常都不喜欢强加于人的直白说教，有时甚至会产生逆反心理，而暗示的效果似乎更好些。但隐喻暗示过多，有时也会把人搞糊涂，让人不知所云，反而会误事。最好的方法是根据不同对象、不同情境、不同问题，采用不同的策略，或将二者巧妙地结合起来。

（四）理性宣传与感性宣传结合

所谓理性宣传，就是充分摆事实、讲道理，或通过科学分析、逻辑论证，来唤起接受者的理智，以理服人。

所谓感性宣传，就是通过生动形象的语言和其他手段让人受到感染，情绪激动，目的在于唤起接受者的感情，以情感人。

理性宣传搞不好，人们称其为"说教"；感性宣传搞不好，人们称之为"忽悠"。

在《社会性动物》一书中，作者介绍了一项结合竞选的实证研究：

　　某政党抽取各方面条件相当的两个选区，在第一个选区进行的基本上是理性的宣传，从党纲党章、对内对外政策谈起，全面论证本党主张如何正确，系统阐述反对党的政策如何错误，论证不可谓不深刻，阐述不可谓不完整。在第二个选区进行的基本上是感性的宣传，为自己的党执政描绘了一幅美妙的天堂图景，而为对方上台描绘了一幅老百姓将陷入水深火热之中的地狱的可怕景象。结果发现，在第二个选区对该党的支持率高于第一个选区。这说明老百姓受情感性宣传的影响更大。

　　美国一小城市饮用的自来水引自山泉，由于水质较硬（含钙多），时间久了居民中患龋齿病的越来越多。在市议会中有学者建议通过添加一种氟化物对自来水进行软化处理，可减少龋齿，但也有一些认为纯天然的水最好的议员坚决反对。双方争执不下，于是决定由市民公投决定。主张对自来水进行软化处理这一派，为了取胜兴师动众，邀请多位化学专家、医学专家、牙科医生，从分子式、方程式讲起，在报纸杂志和广播电视上充分论证添加氟化物的科学依据和好处；而反对派只是在公投之前，散发了一幅漫画，画的是一个又脏又难看的死老鼠，上面还加了一句话："不要让他们把耗子药放入你的饮水中！"（用于预防牙病的微量氟化物加大剂量确实可以做鼠药用。）公投结果后者大获全胜。当然上述两例并非严格控制了各种条件的心理学研究，不能简单得出情感性宣传更有优越性的结论。

　　绝大多数实验资料表明，在其他条件相同的情况下，一个人受宣传的惊吓越大，就越有可能采取积极的预防行动。霍华德·利文萨尔及其同事在一个实验中，使一些被试处于轻度的恐惧状态——向他们提出戒烟和做 X 光透视的建议；使另一些被试处于中度的恐惧状态——给他们放映一部描述青年人照 X 光后发现自己患了肺癌的电影；使第三部分被试处于高度恐惧状态——除让他们看上述电影外，还让他们看一个鲜血淋淋的肺癌手术电影。结果证明，受惊吓最厉害者，最急于戒烟，并最有可能去做 X 光透视。进一步的研究还发现，高度恐惧的宣传使人们产生戒烟的意图，但除非同时推荐具体的戒烟方法(如买一本杂志代替买一盒香烟，很想抽烟时喝点茶或吃块口香糖等)，否则收效甚微。但只有具体的方法介绍而无引起恐惧的信息也是无效的。结果表明，唤起恐惧与具体指导相结合效果最佳，四个月之后还抽烟的被试很少。

唤起恐惧与具体指导相结合说服的效果最佳。

他们的另一项研究也得到了类似的结果：在培养大学生赞成注射预防破伤风疫苗的态度和意图方面，引起高度恐惧的宣传比引起轻度恐惧的宣传更有效。而有关何时去何地注射的具体指导语，却丝毫不能影响这些态度和意图。但这些指导语对实际行动的影响很大，那些接受有关如何行动指导的学生有28％的人去打了破伤风预防针，而那些没接受具体指导的学生只有3%的人打了预防针。

在中国古代楚汉相争时期，刘邦一方采用的"四面楚歌"战术，就是一次成功的情感性宣传和心理战。在近代的国内外战争中，也不乏通过信件、广播、报纸扰乱军心的心理战，多半采用的都是情感性宣传。

在"文化大革命"这场历史浩劫中，林彪和"四人帮"两个反党集团也很善于运用情感性宣传。例如，林彪大谈政变和"二月兵变"的耸人听闻的讲话；在"四人帮"把持的报纸、广播等媒体上大肆污蔑刘少奇"是中国的赫鲁晓夫"，"是埋在我们身边的定时炸弹"，"要复辟资本主义，让劳动人民重受二遍苦，重遭二茬罪"，等等，没有任何令人信服的科学论证，把情感性宣传运用到了登峰造极的地步。

笔者在多年的心理咨询临床工作中，借鉴西方认知疗法和中国古代太极图中的阴阳思想，创立了具有中国特色的阴阳辩证辅导的理论和方法，用"不好中有好"的相对论、"这方面不好那方面好"的全面论、"现在不好将来好"的发展论，辅导来访者掌握正确的思维方式、养成良好的思维习惯，运用辩证唯物主义世界观和方法论看待自己、看待别人、看待事情，收到了很好的效果。

大量事实和心理学研究表明，情感性宣传虽然见效快，但持续时间短，而理性宣传一旦被人接受，通常持续较为久远。

另外，两种宣传的效果是因人而异的。一般说来，文化程度较低的工农大众，更容易受情感性宣传的影响，而知识分子则受其影响相对较小。

可见，理性宣传和情感性宣传各有利弊。在实际工作中，最好的策略是将两种宣传结合起来，既要深深地晓之以理，又要浓浓地动之以情，只有理情并茂，才能取得最佳的说服效果。

五、
发挥五种效应

在与人沟通时要注意发挥以下五种效应。

（一）留面子效应

中国人不但自己爱面子，也喜欢给别人留面子。西方人虽然没有"面子"一词，通常也不大讲面子，但在人际心理学研究中却也发现了面子效应。

美国心理学家做过下面一个小实验：要求大学生周末带流浪儿童去动物园游玩一天，只有百分之二十的大学生同意。如果先要求大学生给流浪儿当一年辅导员，遭到拒绝后，再请他周末带流浪儿童去动物园游玩，就会有过半的大学生同意。

鲁迅在《无声的中国》中写道：中国人的性情是总喜欢调和，折中的，譬如你说，这屋子太暗，须在这里开一个窗，大家一定不允许的。但如果你主张拆掉屋顶，他们就会来调和，愿意开窗了。

上述事例表明，人们在拒绝了一个大的要求后，为了给对方留个面子，对于随后的小要求往往容易接受。这种提大保小的交往策略之所以有效，就是留面子效应在起作用。

有时舍小保大也可看作留面子效应。据说欧洲有位画家，年轻时虽然画作水平不低，但因为名气不够，作品很难有机会发表，不是被"枪毙"掉就是被打入冷宫。有位画报编辑，虽然觉得他画得不错，但为了显示自己高明，总要指手画脚提点外行的修改意见，如果不遵照他的意见修改，便不给发表。年轻画家很无奈。后来终于想出一个办法：每幅画作完成后，都在画面醒目之处填上一只小狗，再交给那位整脚编辑。编辑看完后立马指出：画面上这只狗不伦不类，必须删掉！画家虚心接受意见，将那只画蛇添足的小狗去除后，便是自己最满意的画作。从此作品一幅接一幅地发表，很快成为一位名画家。该画家在这里运用的也是留面子效应，通过删除那只多余的小狗给了编辑面子。

1985 年，我第一次出国参加学术会议。国际会议报告论文必须用英语。我当时刚学英语没几年，将准备好的英文讲稿登台宣读一下，还勉强可以，可每人讲完后都要有 5 分钟讨论答疑，对与会者的问题听不懂、答不出，晾在台上不但自己尴尬没面子，还会丢中国人的脸。会前彻夜难眠，终于想出一个巧妙化解危机的办法：我在报告时，故意将一个既是常识又很重要的问题含糊其词、一带而过，报告完之后一位澳大利亚的著名专家立即举手提问，他的英语地方口音很重，又讲得很快，我根本没听懂他说的是什么，只听懂了一个同我预留问题有关的关键词，心中暗喜，按事先准备很镇定地做了详细回答，顺利过关，体面下台。

我任教授多年，每年都要参加几场博士和硕士研究生的答辩会。发现有些研究生在论文答辩时，把自己阅读文献多研究也较充分的问题讲得清清楚楚、明明白白，而对其他问题常常回避，试图蒙混过关。殊不知出席答辩会的专家都不是吃白饭的，你越是回避的问题，他越是追问，搞得答辩者满头大汗，张口结舌，狼狈不堪，最后未能通过答辩。我根据自己的经验，在答辩会前辅导弟子，因为答辩会时间有限，对研究不够的问题要尽可能多讲些，而对研究得最深的问题不要讲得太透，要等专家提问时再作深入阐述。你讲得再清楚专家也不可能没有问题，不提这个问题就会提另外一些问题，提不出问题的专家显得水平不高，岂不很没面子！你给他面子，他也给你面子，这叫皆大欢喜。

当然，我这种近乎投机取巧的答辩术，不宜公开提倡，我也轻易不示人，只偶尔传给担心答辩过不了关的弟子。这有点类似于章回小说中所描述的古代战场上的"回马枪战术"：两员大将马上大战多个回合之后，一人卖个破绽、拖枪便走，另一人乘胜追击，前者乘其不备突然回枪将追击者挑落马下。这种"回马枪"战术偶一为之可以，用多了便会完全失效。

（二）公开化效应

俗话说，"覆水难收"，这常用来比喻已经做过的事无法再改变，说过的话不能再否认。

社会心理学研究表明，对于一个人已经暴露了的观点或态度，也就是已经公开化了的东西，再要去改变它会很难。相反，对于没有暴露或者没有公开化的观点态度改变起来则比较容易。

我们每个人都有保持内心协调平衡的需求。已经暴露的观点或态度，因为已为大家所知，轻易改变会被人看作自相矛盾、前后不一，不但会被别人说"立场不坚定，墙头草随风倒"，自己的内心也会失去平衡，感到不协调。而没有暴露的观点态度，改变起来虽然也会体验到不舒服，但难度显然会小些。

所以，如果我们要让一个人改变观点和态度，一定要尽量在他没表态之前做工作，他听你讲得有道理，很可能说："我本来也是这么认为的。"

如果我们希望一个人不改变观点和态度，就要尽可能通过多种场合，让他公开表态。比如，可以通过小组讨论、大会发言或决心书、文章等书面形式，表达对某一决议、政策、规章制度或事件、行动的赞扬和支持，这样做了之后，再听到反对意见，他就不会轻易改变了。

倘若一个人对某件事物还没有形成自己的观点和态度，则要及早做工作，等他有了成形的观点态度并公开发表后，改变起来就比较难了，这就是我们上一章讲的"先入为主"效应。

各级政府和企事业单位，工作要尽量增加透明度，减少暗箱操作，以有利于公众监督，这是对公开化效应的另一种应用。

（三）对比效应

黑色的东西放在白色的背景上会显得更黑，在黑色背景衬托下的白色东西会显得更白；吃完蜂蜜再吃苹果会觉得苹果酸，吃完柠檬再吃同样的苹果则会觉得分外甜；一个中等身材的人站在巨人旁会显得矮，站在侏儒旁则显得高，这些都是对比效应。

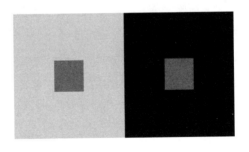

把同一种颜色放在较暗的背景上看起来明亮些，

放在较亮的背景上看起来暗些。

阿伦森指出，一个物体看起来比自身更好还是更坏，取决于参照物的状况。当任何事物（方案或产品）与相对不好、不美的同类事物做比较时会比实际上看起来更好、更美。他在书中引用了道格拉斯·肯里克和萨拉·古铁雷斯所做的一个有趣的实验：让一群男大学生在观看流行电视剧《查理的天使》前后，给一个经别人安排的约会打分，评价其吸引力程度。因为该电视剧中的"天使"尽是些特别靓丽的年轻女郎，在看了电视剧后，这些男学生的打分远远低于看电视剧之前，认为这个约会一点也没有吸引力。这大概是因为与这些美丽的天使相比，几乎所有的女孩都相形见绌。

在现实生活中，无论记者、政客还是广告商、推销员，都经常通过这种对比效应来影响我们的观点和判断。

我有位学生在外地一所大学教心理学，他的太太开了一家服装专卖店。他指导太太运用心理学原理，将黑色健美裤挂在白色墙板上，看起来格外黑；将品质一般的服装放在品质较差的服装中间，立即被顾客抢购一空，成为当地服装潮流的引领者。

一位楼盘推销员，在售房时先带购房者看几处各方面条件较差的户型，再带去看一个稍好些的房子，并极力加以推荐，顾客便决心签约了。

（四）免疫效应

免疫效应是个医学名词，是指通过注射疫苗预防身体疾病。我们小时候都有过在胳膊上种牛痘的经历，牛痘本身就是天花病毒，医生将少量稀释之后的天花病毒植入儿童体内，在其体内培养出抵御天花病毒的抗体，从而终身免疫，长大后即使接触到天花病毒也不会染上天花病。

心理学研究表明，如果一个人先接触了一个简短的宣传，再允许他反驳这个宣传，那么他往往对后来得以充分发展的同样内容的宣传有较强的抵抗力，这种现象和注入少量的减弱毒性的病毒能使一个人对这种毒素的大量侵袭有免疫力的现象极其相似，故称免疫效应。

在威廉·麦圭尔和迪米特里·帕普乔治思的一个实验里，一组人发表自己的观点，然后这些观点受到别人的轻度攻击，而这组人把攻击驳倒了。他们后来又受到对其观点的强有力攻击，这一组成员所表现出的改变自己观点的倾向，比那些其观点先前未受轻度攻击的对照组成员要小得多。事实上，对于反面观点他们曾受过"预防注射"，并能相对地免疫。

可见，把反驳性的双面论证作为一种宣传策略，通常不仅更有效力，还可增加接受者对于随后反宣传的抵抗力。

沟通锦囊 为了让一个人坚持自己的信念，必须使他认识到这些信念的弱点(易受攻击性)。

为了让一个人坚持自己的信念，必须使他认识到这些信念的弱点(易受攻击性)，学会这一点的最好方法是，让其信念经受轻微的攻击。这样做既能激发起他守卫自己信念的动机，又能使他得到一些练习，因而能做好准备去抵抗更强烈的攻击。

20世纪50年代，朝鲜战争结束后，交战双方通过谈判同意交换战俘。一些被中国人民志愿军俘虏的美国官兵，通过政治学习、参观访问等活动，觉悟普遍有所提高，回美国后经常说中国共产党的好话。美国政府对此十分不满，认为他们被洗了脑，于是将其作为一个重要课题让学术界加以研究。经过长期深入研究，学者们得出了一个令人瞠目的结论：最容易被洗脑的人就是那些相信口号式信仰并且他们的信仰从未被认真挑战过的人；对付中国共产党洗脑的最好方法，是在学校里开设马列主义课程。我在美国访学期间，经常接触美国学生，有时对方会主动同你讨论马克思列宁主义和毛泽东思想，因为那是他的研究方向。

中国留学生(包括访问学者)刚到美国时，看到成人画报或成人电影，会脸红耳热、心跳加快、呼吸急促，反应十分强烈，而无论美国青年还是中老年人，却对这些东西习以为常，甚至不感兴趣。公开摆在书架上的成人画报很少有人翻阅，成人电影院更是冷冷清清，很少有人光顾。

一些早期留学归来的老知识分子，改革开放后出国访问考察，绝对不会光顾色情场所，而初次出国的少数工农干部却可能被西方文化所俘虏。

我六十年代初在大学读书时，高年级有位女生，据说她小时候曾经当过童养媳和纺织工，多次在校内做忆苦思甜报告。她在大学期间老早就入了党，当上了学生干部。有位男同学递纸条向她求爱，她把纸条交给系总支，那位男生为此受了严厉批评。毕业后她理所当然地被分到中央机关工作。可就是这样一位根红苗正、苦大仇深的年轻干部，改革开放后公派出国就一去不回了，甚至有传说她离婚再嫁了个美国人，而我们这些当年听她报告、家庭出身又不好的人却大多学成归国了。

新中国成立后，红小鬼出身的刘青山、张子善，进城不久便成了大贪官。最近一些年，中央加大了反腐力度，在抓出的一批又一批贪官中，很多是小时候家里十分穷困、吃过不少苦、靠个人奋斗走上领导岗位的贫寒子弟，他们对金钱美女的诱惑更缺少抵抗力，因而更容易被糖衣炮弹所击中。在台湾省，几代佃农出身的陈水扁比书香世家出身的马英九更贪婪，除了家庭教养不同之外，上面所说的免疫效应也肯定起了一定作用。

（五）禁止效应

与免疫效应相对的是禁止效应。

在美国有一本心理学科普读物，扉页上醒目地写着："亲爱的读者，在你读完全书之前，千万千万不要看第168页。"拿到书之后，包括本人在内的所有读者，无一例外都是立即翻到168页，只见该页的标题是："禁止摘的苹果是甜的。"讲的是几百年前发生在欧洲的一个有趣的故事。

两国交战，一个农艺师成了战俘，被关进敌国的集中营。每天从早到晚艰苦劳作，一日三餐只能靠马铃薯充饥。在他的祖国，自古以来人们不但不吃马铃薯，还把马铃薯称作"魔鬼的苹果"(笔者猜想，可能是欧洲人喜欢生吃蔬菜，马铃薯生吃确实难以入口，便以此蒙骗小孩子)。集中营劳动强度大，在饥饿难耐时吃到煮熟的马铃薯，顿感"味道好极了!"作为一位农学专家，他认为马铃薯的营养价值也很高。后来他带了一些马铃薯逃回祖国，在社会上宣传马铃薯的好处，鼓励农民栽种，但农民不但不响应，还骂他是"疯子"。他求见国王，说有重要军情报告，但需要国王借给他一小块不毛之地作为条件，并要国王派两个卫兵加以看守，免得把地丢了国王问罪。国王好奇就答应了他的要求。在后来的日子里，周边农民看到国王卫兵荷枪实弹，白天在那块土地上走来走去防守极严，可晚上就不在了，于是纷纷在夜里去那块地挖国王埋藏的宝贝，并将其偷偷埋在自己的地里。不久，这个国家便到处长满了马铃薯。

对这个故事的真实性我无从考证，但欧洲人爱吃马铃薯，许多国家甚至将其作为主食，我是深有体会的。1996年，我在英国一所大学访问了几个月，每天在学生饭厅用餐。从土豆泥、土豆条到土豆片、土豆块，再到整个烤的大土豆，一日三餐，顿顿如此，让我十分想念丰富的美味中餐。

禁止是最好的宣传。

清朝末年，维新变法的倡导者谭嗣同有句名言："把东西藏在一个匣子里，越是不让人看，人们想看的心情就越加迫切。"

在阶级斗争年代，不是批判某篇文章小说反动，就是讨伐某个电影戏剧是大毒草，越批判作者的名气越大，导致"反动"小说手抄本泛滥，人们以批判为名偷偷看"毒草"电影。现在我们放弃了斗争哲学，提倡以人为本构建和谐社会，这是我们更加成熟和更有自信的表现。

有家电影院，在售票口挂了一个"本场电影儿童不宜"的牌子，人们就排队把一个烂片的票抢光了。一些人看后大呼上当，说"里边什么都没有！"在这里，狡猾的影院老板巧妙地发挥了禁止效应的作用，引导一些怀有阴暗心理的观众想入非非。

吃不到的葡萄是酸的，禁止摘的苹果是甜的。这就是人类的思维逻辑，古今中外，概莫能外。

六、

运用六种战术

沟通原则和策略固然都很重要，但对战术问题也应给予适当重视，而不能弃而不顾，战术得当是实现战略目标的保证。有时细节决定成败，一着不慎，满盘皆输。

（一）沟通要看对象

　　观众、听众或读者均各不相同，有些人很难被说服，有些人则较易被说服。一般说来，自我估价较低、感到自己能力不足的人比自信的人更容易受劝诱性宣传的影响。

　　在黑板上画一个圆圈，问大家画的是什么，有人说是阿拉伯数字"0"，也有人说是英文字母"O"；有人说是月亮，也有人说是太阳；有人说是烧饼，也有人说是鸡蛋。不同的角色身份，不同的时间地点，不同的身心状态，人们的反应可能截然不同。

对同一个故事，甲听了觉得十分感人，乙却觉得无聊透顶，丙听了哈哈大笑，丁却可能泪流满面。对同一条新闻，可能会由于政治信仰和党派立场的不同，而产生完全不同的反应。

同样的话不但出自不同人之口效果不同（前面第二章对此已做过讨论），同样的话对不同的人说，其效果也会不同。讲话一定要看对象，不能"对牛弹琴"。

多年前，我受邀参与了中央电视台一个讨论交往与沟通的节目。嘉宾中有明星，也有专家，大家争相发言，气氛十分热烈。下面是在录制现场我同一位著名媒体专家的一段对话（E代表该专家，I代表我）：

E：与人交往必须真诚，不能虚头巴脑，见什么人说什么话。

I：真诚确实很重要，但说话要看对象，见什么人说什么话未必不对。

E：见人说人话，见鬼说鬼话，这种人岂能不招人痛恨！

I：见中国人说中国话，见洋鬼子就得说鬼子话。

E：您那是抬杠！ 我说的是在中国人内部，不是同外国人讲话。

I：国人内部也一样，对大人说大人话，对小孩说小孩话。 对孩子可以说"抱抱！""帽帽！"对大人就不能。

E：你们心理学家太能狡辩！ 我说的是我们成人之间的交流。

接下来他列举并痛批了一些阳奉阴违、两面三刀的人和事，我则给大家讲了一个小故事。

一位部队团长向司令员汇报工作，汇报完之后说了一句："首长，我汇报完了，不知您听明白了没有？"司令员一拍桌子，怒斥道："就你们这点事我还听不明白，我当团长时你还是个娃娃呢！"说罢拂袖而去。团长愣了半天，不知自己错在哪里。

团长的问题就出在不懂得见什么人说什么话！平时他对营、连、排干部和战士训话惯了，每次布置工作或做完指示，总要问一句"明白了吗？"下级立正回答"明白！"这一切都是正常的，但对上级领导讲话就不能用这种语气。如果是正式汇报，应该说"汇报完毕，请首长指示！"若非正式场合，则可稍微随便些，若担心对方没听明白，可以这样说："首长，我汇报完了，不知道我说清楚了没有？"如果团长汇报三个问题，讲到第二个问题时，司令员的目光被窗外的摩登女郎吸引过去了，等他回过神来，团长已开始讲第三个问题了。这时司令员会说："第一和第三个问题都讲得很清楚，把第二个问题再讲一遍！"

这个团长如果懂得"见什么人说什么话"，就不会挨司令员的训斥了。他如果在沟通时注意观察对方的体态语，在司令员走神时，可以讲得慢一点，声音大一点，在首长回过神来后把方才的话再重复一遍；或者干脆停下来，同首长一起目送女郎远去后再讲，这样首长就不会听不明白了。

可见，沟通大有学问！

我的大儿子经常会就工作或生活中的困扰同我谈心交流，每谈几分钟就会来一句："爸！您懂我的意思吧?"这句话几乎成了他的口头禅。有一次我实在忍不住了，只好打断他。下面是我(I)和他(S)的对话：

    I：你能不能不用这种语气同我讲话？

    S：怎么了？ 我没说什么呀！

    I：你的意思有那么难懂吗？ 干吗老问我懂不懂！

    S：我是担心您没完全理解我的意思，我想进一步给您解释。

    I：那你应该说：不知道我的意思表达清楚了没有？

    S：那不是一样吗？

    I：你没说清楚是你的责任，我没听清楚是我的问题，怎么能一样呢？

他这次同我谈话的重点是人际关系问题，觉得领导好像不喜欢他。我接下来问他知道领导不喜欢你的原因吗？是不是你平时同领导也这样讲话？他点头承认了。我告诉他这种语气容易给人留下对领导不够尊重的印象，还指出了这是他的职业病。因为他毕业于某著名戏剧学院导演系，目前在一个电视台做编导工作，平时给演员说戏经常问对方"懂我的意思吧?"拍戏时导演是中心，演员必须领会导演的意图，这样说一点儿没问题，就像老师问学生"听懂了吗?""明白了吗?"一样。但对你的领导和长辈这样讲话就显得没有教养了。以后汇报工作时，不能再说"台长，您懂我的意思吧?""主任，您懂我的意思吧?"记住："是你要懂领导的意思，而不是领导要懂你的意思。"儿子如梦初醒，连连称是。

一个在街头小店卖服装多年的售货员，因为服务态度好，被一家高档时装店录用了。过去他接触的都是喜欢讨价还价的打工仔、打工妹，现在光顾的多是大老板、阔太太，他仍然用"这条裤子便宜""那件外套打折"的老一套推销办法，经常受顾客的白眼。这就是不懂得"见什么人说什么话"吃的亏。面对有钱人，他应该这么说："太太，这件大衣价格是高了点，但特别适合您这种气质高雅的贵妇人，不信我帮您穿上试试!"太太一高兴，先生便买单了。

我们当老师的平时经常说的一句话是，对学生要"因材施教"，思想政治工作要"一把钥匙开一把锁"。可是我们在工作中却总是企图用一把万能钥匙，打开所有人的心灵之锁。1985 年，我在美国研修心理咨询的理论与方法时，曾听一位教授讲了一句让我永远难忘的话："如果你手中只有一把锤子，你就会把所有的问题都看成一枚枚钉子。"心理咨询之所以流派众多，方法迥异，就是因为"人心不同，各如其面"；心理问题的复杂性，决定了心理咨询方法的多样性，我们不可能用同一种方法解开所有人的所有心结。教育和思想政治工作亦如此。如果我们只有"斗争哲学"一个法宝，就会把所有人的问题都看作政治态度问题、阶级立场问题，大批一通，一斗了之。

如果你手中只有一把锤子，就会把所有的问题
都看成一枚枚钉子。

只有明确了对象，在宣传时才能抓住重点、有的放矢。

有段时间，美国的福特汽车在芝加哥销售得不好，主要是购买力最强的年轻人觉得这种老牌子车过时了。针对年轻人赶时髦、求新求变的心理，厂商设计了一个广告。在 20 世纪二三十年代至 20 世纪 70 年代每个年代芝加哥城市的照片下面，配上每个年代不同款式的福特汽车照片，广告词是："福特汽车像芝加哥城一样与时俱进，日新月异!"销量马上大增。

1952 年美国总统大选，民意调查结果表明共和党的选情不妙，进一步分析发现，主要是妇女和年轻人不支持共和党。因为当时朝鲜战争正打得如火如荼、不可开交。人们公认在对外政策上，共和党是鹰派，民主党是鸽派。妇女和年轻人最怕打

仗，所以普遍不支持鹰派。于是，共和党在选举前组织了一场
声势浩大的反战游行，一些人头上扎着绷带，胳膊架着拐杖，
高举"反对出兵韩国""把青年召回家园"的标语牌，甚至有人抬
着棺材，棺材上写着"死在民主党人的战争中！"经过这么一场嫁
祸于民主党的游行，共和党的总统候选人艾森豪威尔顺利当选。

　　我国大陆和台湾虽然同文同种，但因海峡两岸隔绝多年，
无论口头语言还是书面语言都有微妙变化，甚至同一个字词在
语义上也会有所不同。譬如，内地说的"咨询"，对岸称作"咨
商"；我们说的"信息"，他们称作"资讯"。内地对"搞"字用得很
多，如"搞好生产""搞好工作""大搞群众运动"等，但如果对台
湾人说："我们要搞好关系"，"我们一起好好搞"，对方会觉得
你很没有教养，甚至可能认为你在"性骚扰"，因为内地习以为
常的"搞"，在台湾是个很不雅的字，通常只限用于"乱搞男女关
系"或"搞破鞋"。可见入乡随俗、看人说话的重要。

　　"宣传"这个词在我国意义通常是积极的，从中央到地方，
从政府到企业，都设有宣传部、宣传处、宣传科，"重视宣传工
作"，"大力开展宣传"是常见的说法。但在西方国家甚至在我国
的港台地区，"宣传"一词往往具有贬义，含有说教、诱导甚至
欺骗的意味。《美国传统英语词典》对宣传的定义是"一个特定教
义的传播"。全国政协发言人赵启正先生将他的一本重要著作起
名为《说明中国》，而不叫"宣传中国"其原因即在于此。我在港
澳讲"沟通心理学"很受欢迎，讲"宣传心理学"便遭到冷遇。

（二）设法登进门槛

美国政治家本杰明·富兰克林，以前在宾夕法尼亚州立法部门有个冤家对头，处处跟自己作对，富兰克林想与对方交流沟通却屡遭拒绝。后来听说该人的家庭图书馆里藏有一本非常珍贵的书，便给他写了一个条子，表示渴望读这本书的愿望，请求他借给自己读几天，对方立即把书寄来了。一周后，富兰克林把书还给主人，并又写了一张字条表示万分感激的心情。后来当他们在众议院相遇时对方彬彬有礼地同富兰克林攀谈。从此之后，这位对手成为富兰克林政治上的坚定盟友，直到去世一直保持着友谊。

导致尼克松被弹劾下台的"水门事件"的曝光，主要归功于《华盛顿邮报》的两名年轻记者。这两位记者得知共和党总部的一位秘书小姐了解内情，便登门访问，和其他来访者一样吃了闭门羹。他们没有知难而退，不再谈采访之事，而是向小姐讨口咖啡。喝完之后连连夸赞小姐不但人漂亮、心肠好，煮的咖啡也"味道好极了"！小姐被夸得飘飘然起来，放松了警惕，聊天时无意中透露了一些有价值的信息。

著名心理学家、催眠大师艾里克森，年轻时家中贫穷还身有残疾，靠卖书度日。一天，他来到一个养猪场，猪场老板对他的书丝毫不感兴趣。艾里克森边用刷子挠梳猪背边同老板聊养猪的事，还帮助干了好多活。老板见小伙子老实勤快，不但留他吃晚饭和过夜，还把他的书全买下了。

乔纳森·弗里德曼和斯科特·弗雷泽做过下面一个实验：他们力图劝一些人在自家前院竖一块很大的、上面写着"小心驾驶"的牌子，因为这块标语牌很难看，很多居民拒绝竖它，只有17％的人照办了。但在另一个居民小区，他们先让每户居民在一个赞成安全驾驶的请愿书上签字，因为这是很容易做的事情，所有的人都照办了。几星期后，便有55％以上的居民允许将标语牌竖在他们的门前了。

帕特里夏·普利尼及其同事的实验得出了同样的结果。他们发现，当直接请求一些人向癌症协会捐出一点钱时，46％的人照办了。对于另一组人，在向他们提出请求的前一天，研究者在他们的衣领上佩戴了宣传这次活动的领针，第二天向他们募捐时，大约90％的人都愿意捐款。

多年前，我在做咨询时接待过一个高中毕业后从山东来北京打工的乡下女孩。她怀揣200元，在火车上想的是，到北京后首先去看天安门。她在京无亲无友，下火车时已近傍晚，听说住旅馆200元只够一天。她出站后便一家家店铺求职，均遭到拒绝，后来她说自己不要工钱，只要管吃管住就行，当晚就被一家餐馆收留了，解决了生存问题。后来因为她聪明伶俐能吃苦，老板当月就给她发了工资。后来，她又通过自学和成人高考，取得了大专文凭，现在不但在北京安了家，还成为一家公司的销售经理。一些大学毕业找不到工作而怨天尤人、牢骚满腹的年轻人，不应该从这个女孩的事例中受到启发吗？先登生存之门，再求发展之路，才能最终进入理想殿堂，实现自己的人生梦想。

先登生存之门，再求发展之路，才能最终进入理想殿堂，实现自己的人生梦想。

20 世纪 80 年代，我从美国回来后，缺少科研经费。一位部队朋友带我去总参政治部拜见一位首长，了解到当时部队正在大力开展军地两用人才培养，这正是我们心理测评的用武之地。我谈了自己的研究设想，首长问需要多少经费，我大概估算了一下实际开支，说六千元就够了。首长一听就乐了，说这点钱马上就可以批准立项。由于课题组工作认真，任务完成得好，受到了部队首长的赞赏，部队还主动提出让我们做其他几项研究，当然给的经费也越来越多。倘若我开口要价太高，就不会登入总参的大门了。

上述这种通过提出一个容易被接受的小要求，被接受后再进一步满足大要求的方法，在阿伦森编写的社会心理学书中被称作"登门槛战术"(foot in the door technique)。这也是人们在挤地铁和巴士等公交车时经常采用的战术，只要登上门口踏板，这趟车就一定能上去了。

（三）先求同后论异

在美国，人们公认第16任总统亚伯拉罕·林肯是个谈判高手。在南北战争期间，每次同南方奴隶主集团谈判，他总能赢得优势。有人向他请教制胜秘诀，他说："原因很简单，每次谈判我都是先从对方的立场考虑，先接受他们的一些要求，最后再提出我们的要求。"谈判必须相互妥协，他满足了对方许多不重要的条件，对方只能接受他的唯一条件（当然是一个具有战略意义的要求）。

我在美国匹兹堡大学访学期间，同几个中国留学生合租一套公寓。房子的有利之处是离学校很近，不利之处是房价太高。大家几次找房东要求降价，均一无所获。一位刚搬来的小伙子也觉得房租贵得有点离谱，就打了个电话，说自己要退房，请房主过来结账。下面是小伙子（A）和房主（B）的对话：

A：先生，对不起！我要退房。

B：按合同规定，没到期退房你会有损失。

A：我也知道有损失，可实在没办法，否则这么好的房子谁会愿意退呢？

B：你是认为房租太高了？

A：老板您说哪去了？这么完善的设施，离学校又这么近，怎么能说贵呢？

B：那你为什么还要退房呢？

A：是我个人最近经济上发生了一点危机，住不起这么好的房子了。

B：那你准备租什么样的房子？

A：不好意思，按我目前的经济水平，只能住每月一百五十元的房子。

B：啊！ 原来是这样，那就一百五十吧！ 小伙子不错，别走了！ 但你可不要告诉其他几个房客啊！

小伙子谈判成功了！重签合同后，美滋滋地把谈判经过讲给我们大家。我听后想起小学语文课本上的一个寓言故事：

乌鸦捡到一块肉带到树上正准备吃，狐狸看到了，高声对乌鸦说："乌鸦小姐，听说你很会唱歌，能不能唱一段给我听听啊?"乌鸦很高兴，刚一张口唱，肉就掉到地上，被狡猾的狐狸叼走了。乌鸦追悔莫及。

面对恭维和好话，人们很容易失去警惕，淡漠了防御心理，从而导致上当受骗。很多骗子就是这样得手的。

林肯在谈判时先求同后论异并非骗术，而是用必要的妥协换取更大的利益。

在心理咨询中有一种"先跟后带"技术，就是咨询师先在口头语言和体态语言的许多方面与来访者保持一致，使对方感到非常协调，非常舒服，然后咨询师慢慢改变自己的交流方式(语气、姿势、动作等)，来访者也会下意识地随之做相应改变。

在辩论术中有一种著名的"苏格拉底问答法",就是每次都提出对方只能回答"是"或"对"的问题,一直问下去,会引导对方在不知不觉中站到自己的立场上来。

人际沟通理论告诉我们,要尽量避免正面冲突,避免针锋相对的争论。没有人能真正地、全面地赢得一场争论,即使你一时赢了或占了上风,对方也会在日后或其他方面报复你。

当对方讲得毫无道理时,不妨先求同虚心接受,不顶撞、不批判;然后再论异委婉拒绝,不屈从、不迁就。

首先,可以用下面三种不同的方式来表示"求同"。

1. 从对方意见中选择正确的内容,先表示肯定。比如,对方提了三条意见,有两条是不对的,只有一条是对的。在这种情况下,我们就应该先从"对的"这一条说起,对其表示认同和赞赏。如果他的三条意见都不对,也可以用适当的方式先肯定他"动机是好的"。即使他的动机也是不好的,或者是可疑的,那也应该想到:他能够说出来,也还是比不说要好。如果对方说:"有规定,就该这么办!"而你明明知道并没有这样的规定,但你最好不要一开口就说:"哪有这样的规定?根本就没有!"而是先说:"好,如果有这样的规定,我们一定照办。"至于到底有没有这样的规定,那是第二步"论异"的问题了。如果对方说了一个听起来不错,但实际上没有可行性的主意,你最好不要一开口就予以否定,而是先这样说:"这个办法倒不错,又省事,又省钱……"至于它有没有可行性,那也是第二步"论异"的问题。

2. 当对方由于感情冲动而说出一些"出格""离谱"的话时，我们先不要针对他的这些"话"做出反应，而是先表示理解他的心情。如"事情弄成这个样子，难怪你生气"；"我知道，这一回可真把你给急坏了"等。

3. 对于对方说的话既不表示肯定，也不表示否定，而是用自己的话去复述他的意思，并用请教的口吻问他自己理解的对不对。例如，对方指责你："怎么能这样干！"你不要顶他，也不要说："不这么干怎么干?"你可以说："您的意思是……不能这么干?"

然后，再用下面两种巧妙的方式来进行"论异"。

1. 用"与对方的意见相平行"的方式来说出我们的不同意见。比如，对方说："这个东西有什么好吃的? 难吃死了！"作为第一步，你可以说："是啊，这个味儿是挺怪的，好多人都吃不惯。"到了第二步，你可以说："可是有些人还就是喜欢这个味儿。"这就是一次很简单而又很典型的"平行地陈述不同意见"。

2. 以请教的口吻提出问题，诱导对方自己去发现和纠正他自己的失误。这可称为"以请教代替反驳"。你必须让他知道他的说法或做法是不对的，否则你就是没有坚持原则，没有分清是非。但是，如果你直截了当地去说他"不对"，他会觉得很丢面子，即使口头上接受，也会心怀不满，甚至为了保住自己的面子，索性死不认错。

以上就是"先求同后论异"战术在辩论或谈判中的具体运用。

（四）观点差异适度

接受者的原有观点和宣传者所提倡的观点之间的差异会影响宣传的效果。在这方面早期心理学的研究结论并不一致。菲利普·津巴多的实验发现，在朋友之间对一个问题判断的差异越大，他们越会朝着朋友观点的方向去改变自己的观点。卡尔·霍夫兰等人的实验结果却表明，意见不一致与观点改变之间存在着曲线关系：当意见不一致的程度很小时，观点的改变也小；当意见不一致的程度增加时，观点的改变程度也随之增加；当意见不一致继续增加时，观点的改变开始放慢；当意见不一致变得很大时，观点的改变就变得很小，几乎观察不到。

综合多项研究，最后得出了如下结论：当一个宣传者的信誉很高时他所提倡的观点与接受者的观点差异越大，接受者越会被说服，观点的改变最大；而当一个宣传者的信誉可疑或较低时，只有与接受者观点具有中等程度的不一致，才会使接受者的观点发生最大的改变。

一般说来，人们对于差异太大的观点很难接受，因为处于可接受范围之外，当然不会改变原来的观点；而对于差异较小的观点虽然较易认同，但自己的观点实际上改变得也很小。所以还是中等程度的差异能带来最好的宣传效果。

中等程度的差异能带来最好的宣传效果。

20 世纪 50 年代朝鲜战争爆发后，中国政府派出志愿军赴朝参战。当时我们的口号是"抗美援朝，保家卫国！"这个口号起了很好的动员作用。特别是后面"保家卫国"四个字，很能打动老百姓。当时翻身农民刚刚分了土地分了房，正在过"两亩地一头牛，老婆孩子热炕头"的幸福生活，如果不去朝鲜打败美国鬼子，国民党蒋介石就会打回来，地主还乡团就会反攻倒算，贫农、雇农就要重新陷入水深火热之中。于是翻身农民纷纷送儿子去前线、送丈夫上战场。如果当时只提"抗美援朝"，或者像后来六七十年代那样，高喊"发扬无产阶级国际主义""搞世界革命""解放全人类"等大而无当的口号，就不会有那么好的宣传效果了。

"文化大革命"期间，以江青为首的"四人帮"鼓吹文艺作品表现英雄人物必须"高大全"，不能有儿女情长，更不能有私心杂念，哪怕是"一闪念"也不行。如果写了英雄也有缺点，好人也会犯错误，那就会因歌颂"中间人物"而受到批判。这一"极左"文艺政策导致当时的小说和影视作品人物脸谱化，都是身材高大魁梧，满口豪言壮语，临牺牲前还要喊最后一句口号，交最后一次党费的英雄。对这种英雄，老百姓会觉得不真实，或觉得可敬不可亲。

"四人帮"倒台后，文艺界拨乱反正，涌现出一大批优秀作品和有血有肉的英雄人物。比如，小说《高山下的花环》中的排长靳开来，有时也会发牢骚，甚至顶撞上级，但在关键时刻还是不怕牺牲为国捐躯了。这样的英雄同样很感人，读者看了感到真实可信。

又如电影《雅马哈鱼档》，讲的是派出所所长教育帮助犯罪青年的故事。所长对劳教回来的阿龙说："你看你的大师兄，人家成了个体户模范，受到领导接见，现在是又有钱又有面子。"阿龙受到启发，开了个鱼档，起早贪黑，勤劳致富。如果所长对阿龙说教一番"年轻人要有远大理想，要为共产主义奋斗"；"要大公无私，无私奉献，要毫不利己专门利人"的大道理，就绝不会取得这么好的教育效果。因为那样的要求与阿龙的觉悟水平差距太大。

我在大学读书时，听过一位很有名的工读学校校长的报告。他说："教育改造不良少年的第一步，是要让他们为自己的前途着想，考虑所作所为对个人的危害，而不是对他们讲一些令人反感的大道理。"我对其理论深以为然。

在市场上，如果商家开口报价太高，顾客会扭头就走，只有要价合理，顾客才会留下来还价。

在心理治疗中有一种"系统脱敏法"，就是通过设计一些情境，让患者循序渐进地逐步接触所敏感的事物，以消除紧张、焦虑或恐惧。如果情境和情境之间梯度太大，就很难取得好的脱敏效果。

"观点差异适度"的战术，在日常生活中也有用武之地。

有一对夫妻郎才女貌，只是先生有些懒，信奉"君子远庖厨"，虽然事业有成，但从不帮妻子做家务。妻子求助心理咨询，得到了锦囊妙计。早上临离家时，太太将米洗好，放进饭锅并加上水，然后说今天有事要回来晚一点，请先生下班后帮忙把煤气灶点着。要求很小，先生答应并照做了。晚上太太感谢先生帮了大忙，还带回一瓶啤酒慰劳先生。第二天太太如法炮制，先生未用叮嘱就把火打着了。几天后，先生见锅中只有米没有水，就加了水再点火。又过几天，锅中连米也没了，先生就淘了米，加了水，再点火。如此这般，没有多久做饭的任务就和平过渡给先生了。此计成功的秘诀有三点：一是要做得

观点差异适度，成功转移家务。

自然，二是要鼓励强化，三是不要急于求成、步子太大。如果太太说："我做了多年了，从明天起做饭的任务归你了！"先生未必肯接受，弄得不好还可能为此吵架。

我在做咨询时，经常碰到一些家长说自己的孩子又笨又懒。我问："笨和懒到什么程度，会不会比狗熊还懒还笨?"家长不高兴地说："教授！您怎么能这么说话，您这不是骂人吗?"

我说："只要不比狗熊差，孺子可教也！"接下来，我给他们

仔细讲解马戏团是如何训练狗熊投篮的：狗熊只要一摸篮球就会受到花生豆或巧克力的奖赏，只要抱着球向篮筐每走一步都会受到奖赏，到篮下后驯兽师再举起狗熊上肢帮助它把球投入篮筐内，并立即给予食物奖励强化。天天这样练，用不了多久，狗熊便把这个把戏学会了。如果每天强迫狗熊投篮，不投就用鞭子抽，只能把它打死、打跑或跟驯兽师拼命。一位家长说："我的儿子一放学就去踢球了，怎么才能让他爱念书?"我说："把篮球换成书本，用同样的方法能让狗熊天天看书学习。"一位老师说："我们也不能天天用花生豆、巧克力哄学生学习呀!"我说："让学生爱学习是一件非常容易的事，就是让他在学习中得到快乐。只要孩子一拿起书本就赞赏夸奖，有一点进步就鼓励表扬，他怎么会讨厌学习呢?"

沟通锦囊 惩罚只能限制错误行为，但不可能学会正确行为，只有循序渐进地鼓励奖赏才能培养出正确行为，心理学将此称作"行为塑造"。

（五）幽默化解冲突

幽默是精神的消毒水，是沟通的润滑剂。

碰到一个剑拔弩张、窘迫尴尬的场面，一个得体的小幽默，常常可以化干戈为玉帛，使剑拔弩张的局面得以化解，使窘迫尴尬的被动得以解脱。

一次到友人家做客，观看了一幕家庭小戏：客厅里高朋满座，女主人忙着招待客人。丈夫回来了，与朋友们寒暄过后，便去换拖鞋。太太高声嚷："快去洗你的臭脚和尼龙袜子，别污染空气！"当着满屋客人，先生脸一红，随即夸张地"嘘"了一声，故作神秘地说："小声点，脚臭不可外扬！"客人们顿时哈哈大笑。妈妈叫儿子去给爸爸端水，儿子动作慢了些，妈妈脸一沉刚要发火，儿子忙说："您别急！我这是高速摄影机下的慢镜头。"又是一阵笑声。

生活中需要幽默。在一方心情恶劣或双方发生冲突时，刺激性的语言无疑是火上浇油，喋喋不休地劝解也往往事倍功半，而一句妙语，却常常能使其转怒为喜，破涕为笑。

高尚的幽默，不仅能给生活带来欢乐，而且可以冲淡矛盾，消除误会。与人发生冲突时，为了不使自己陷入激动状态和被动局面，最好的办法是以超然洒脱的态度去应对。关键时刻幽默一下，往往可以使愤怒不安的情绪得以缓解，使紧张的气氛变得比较轻松，使一触即发的场面在欢声笑语中结束。

让我们再来看几个人际交往中上演的幽默小品。

公交巴士突然急刹车，一位衣着普通、相貌一般的先生没站稳，撞到了前边浓妆艳抹的摩登女郎身上，女郎用力推了他一下，嘴里骂道："瞧你那德性！"先生笑着回答："小姐，您说错了，这是惯性，不是德性！"把全车人逗得哈哈大笑。一些人用鄙夷的眼光指责那位小姐："你怎么能骂人呢？人家又不是有意的！这怎么是品德问题啊？这不就是个物理现象吗！你可真没文化，真没教养！"而对那位先生则投以敬佩的目光，似乎在说："您看这位先生，多有文化，多有教养，多机智，多幽默！"有些太太小姐甚至心里会暗暗想："嫁人就要嫁这种人。"

在汽车尚未普及的年代，清早上班时段自行车流犹如潮水，接踵摩肩非常拥挤。一不留神两辆车碰到一起都摔倒了，一位男士不小心压到了一位女孩身上，女孩以为他是故意的，一边推一边骂对方"臭流氓！"男的爬起来笑着说："小姐呀！你忙我也忙，哪有工夫耍流氓？这年头就是想耍流氓都没空，上班迟到就要扣奖金了！"一句话把女孩逗乐了，拍拍土，各走各的路。

一群大学生郊游爬山。活泼漂亮的校花把脚崴了，一位男生主动要背她，被拒绝了。过了一会儿，她被另一位男生背下山了。第一位男生看在眼里堵在心里，没心思玩了，闷闷不乐地回到学校，吃不下睡不着，老是想"为什么让他背不让我背"的问题。想来想去找到了答案：自己家里穷，长得也不漂亮，人家是"高富帅"，多才多艺，吹拉弹唱，打球照相，卡拉 OK，什么都会。越想越没活路，自己都混到这份儿上了，想帮人都没人要，活着还有什么意思啊？从此不上课也不理人了，甚至想一死了之。后来通过心理咨询才走出了危机。

我在咨询课上，让学生对这个案例加以讨论，每个人都说说自己遇到这种情况会怎么办。有的说会在山上喊一喊，有的说会在心里骂一骂，有的说会找那个校花聊一聊，问问她为什么以貌取人？于是我让学生进行角色扮演，请一位漂亮女生扮演校花小芳，下面是男生武强和小芳的对话：

> 武强：小芳！ 你有空吗？ 我要跟你聊聊。
>
> 小芳：什么事啊？ 武强！
>
> 武强：今天怎么回事？ 你脚崴了，我好心好意要背你，你不让我背也就算了，可你为什么让豪生背？你伤了我自尊了！ 是不是看俺个头矮，以为背不动你这个千金小姐呀？ 俺也有把子力气咪！ 不信让俺试试，看看你有没有一千斤，看看俺能不能背动你！
>
> 小芳：你想哪去了？ 哥们儿！ 这可不是个力学问题，不是有劲儿没劲儿的问题！
>
> 武强：不是力学问题，那是什么问题啊？
>
> 小芳：这是心理学问题。
>
> 武强：怎么成了心理学问题呢？
>
> 小芳：你真傻，连这都不懂。 人家不是心疼你，舍不得你吗！

一场冲突就这样在欢声笑语中化解了，这就是幽默的力量！

一件小事可以导致一段痛不欲生的悲剧，也可以通过幽默以令人捧腹的喜剧收场。

幽默需要智慧，需要创造性。善于幽默的人不开庸俗的玩笑，更不随便拿别人的缺点和生理缺陷开心，而是以睿智的头脑、渊博的学识、诙谐的语言，巧妙地揭穿事物的本质和不合理成分，既一语破的，又使人容易接受。在一些非原则问题上，宁可自我解嘲，也不要去刺激对方，使矛盾激化。在上面的例子中，如果女孩是减肥都减不下来的胖妞，你叫她"千金小姐"，她肯定会跟你急了。

（六）隐蔽宣传意图

人们都不喜欢空洞的说教，更不喜欢强加于人的宣传诱导。如果没有意识到有人在对你做宣传，就不会存有戒心，更不会产生逆反心理。如果我们确信一个人是在无意识地传播信息，我们就认为这个人没有劝导企图；如果相信一个人的话出于自然而无劝导目的，他的陈述就更能说服和劝导我们。

阿伦森认为，广播和电视中"现在是广告节目时间"这一开场白，使得广告的劝诱力变小了（与宣传者直接讲内容而无预告相比）。因为这好像是在说："注意！我要劝诱你了。"于是，人们便会按动遥控器转换频道或去洗手间了。

一个宣传如果劝诱性太明显或太强烈，则可被认为是侵犯了人的选择自由，从而会激发这个人对此信息的抵抗。

比如，你逛街时被一个售货员拉住，他巧舌如簧地向你推销服装，你不但不会买，还可能对他的行为很反感。但如果偶然听到一位售货员神秘兮兮地打电话，说店里新进了一批出口转内销的高档服装，又好又便宜，让亲友赶紧来买，你可能就毫不犹豫地捷足先登，先下手为强、先买为快了。

下面是一个发生在北京的真实故事。

多年前，电话尚不普及，只有单位里才有电话。一天中午，办公室里几位女同志正在午休，一边用餐一边聊天，进来一位西装革履的男士，彬彬有礼地说："几位大姐，我有点急事，想借你们的电话用一下。本市的，一分钟就完。"为首的一位大姐爽快答应了。电话果然时间不长，大意是说：一位老朋友托这位先生买煤气罐，一直没买到，最近机关里刚刚进了一批，帮对方买了一个，120元钱已交，请朋友抓紧去某某地方提取。电话打完了，男士礼貌地说了声"谢谢"便要离开。那个年代，城里管道煤气尚未普及，煤气罐是稀缺品，要通过关系才能买到。几位女同志立刻把来人围住了，七嘴八舌地说："这位先生，您能买到煤气罐，能不能也帮我们买一个？"先生回答说："煤气罐很难买，那位朋友托我很久了才买到。各位大姐人不错，让我试试吧！我经常从你们门口路过，你们把钱准备好，何时有货我立刻来通知你们。"然后，说了声"再见"便走了。几天后，这位先生又来了，满面带笑地说："几位大姐真有运气，刚巧又进了一批煤气罐，我跟领导好说歹说给你们留了几个，因为怕被别人抢去，钱我已经替你们交了，你们谁要就现在把钱交给我，我给你们写收条，你们可凭我的收条今天下班后就去上次我说的地方取货，千万不要去晚了！"几位女同志争先恐后地交了钱，男士一一写了收条和取货地址，并留了联系电话。在几位大姐的"谢谢"声中，男士离开了。后面的故事就不用讲了，这是一个骗子精心设计的骗局。如果他第一次进门后直接说："几位大姐，我能买到煤气罐，120元一个，请你们把钱交给我。"哪怕智商再低的人也不会上这个当。

国外有家剧场，禁止观众在看演出时戴帽子，但经常有人违反规定。后来，每次开演之前，屏幕上打出一行醒目大字："本剧场实行人性化管理，凡头部有生理缺陷者均可戴帽子。"从此，再没有人看演出时戴帽子了。

美国有家烟草公司，生产的皇后牌香烟销路一直不好，想了许多办法均不见效，于是高薪聘请了一位广告心理学家。心理学家让老板在闹市街头立了一些标语牌并散发传单，在标语牌和传单上写的都是吸烟的害处，总共有十条，最下面一行是："劝君莫吸烟，就是皇后牌香烟也不要吸!"皇后牌一下子成了畅销烟。这个香烟广告之所以成功，首先是它隐藏了宣传意图，顾客不知道这是个广告，因而失去了警惕和戒心。另外，它还有效地运用了我们前面讲到的几个说服原则和策略。首先是运用了"反自我利益原则"，许多顾客把它看成是宣传戒烟的公益广告了。其次是巧妙地运用了语言暗示效应，使烟民们误以为皇后牌香烟可能害处小一些。这个广告虽然具有欺骗性，会误导顾客，但并不违背广告真实性的法律。这是心理学在市场营销领域应用的一个成功案例。

七、

掌握七类技巧

在与人交往中技巧是最不重要的，但大多数人最急于学习和掌握的又恰恰是交往和沟通技巧，所以不得不分门别类详加介绍。

（一）讲话的技巧

1. 从对方或听众感兴趣的话题谈起

一个好的推销员要推销顾客需要的东西，而不是推销自己拥有的东西。人们对不感兴趣的东西会关闭信息通道。不看对方的需求，自说自话是不会有好的效果的。

2. 对自己所谈的内容要充满自信

有自信说话才有底气，说假话必然心虚。对自己的观点或产品、服务有信心，才能说服对方。自己都不信的东西那就不要讲了。

3. 突出重点，简明扼要，有针对性

内容漫无边际、结构松散凌乱、语言拖沓累赘的谈话或演讲，肯定令人生厌。不受欢迎的课，不要责怪学生，而要从老师自身找原因。

4. 发音清楚，用词准确，语气、语调、节奏富于变化。

抑扬顿挫、生动幽默的谈话受人欢迎。晦涩难懂，含混不清，单调乏味的演讲，只能让人昏昏欲睡，或借故离开。

5. 姿态、手势和表情要自然、协调

要与对方保持经常性的眼神交流，并尽量照顾到场内的所有人。演讲要有激情，但肢体动作不宜太多，要注意和所讲的内容相配合。

6. 重要内容可以有变化地重复

重复可以增强记忆，有助于加深理解，还会通过交叉传播增加其可信性。谣言之所以能蛊惑人心，即同多次重复交叉传播有关。希特勒的宣传部部长戈培尔信奉"谎言重复千遍就成了真理"，其原因就在这里。正面的信息也需要重复，林肯在一次演讲中用"来自人民的，为人民的政府"，强调政府的人民性，给听众留下了深刻的印象。真理需要重复，但重复要有所变化，单调重复会让人反感、生厌。

7. 注意观察对方的反应，随时对讲话做出调整

对方点头表示赞赏，微笑表示愉悦，皱眉表示疑惑，摇头表示反对，打哈欠表示困倦。要根据对方的反馈或结合现场的

情形，及时对自己的讲话内容和表达方式做出调整或改变。

8. 必要时可询问对方是否听懂或理解

讲话过程中不时停下来，给对方说话的机会。为了表示尊重，也可询问交谈对方或听众自己是否有哪些问题或观点没讲清楚。

古希腊哲学家苏格拉底提出，当你要告诉别人一件事时，至少应该用三个筛子过滤一遍。第一个筛子是真实，第二个筛子是善意，第三个筛子是重要。

中国古代经典《周易》有言：吉人之辞寡，躁人之辞多。

以幽默著称的作家林语堂诙谐地说：演讲要像女孩子的裙子，越短越好。

据说美国大作家马克·吐温，一次在教堂听牧师募捐演讲。起初，他被牧师的精彩演讲深深打动了，准备要捐一大笔钱。几分钟后，觉得有些无聊了，决定把捐款减半，又过了很长时间，牧师还在喋喋不休，马克·吐温听得不耐烦了，不仅不捐款了，还偷偷从捐款的盘子里拿了两元钱，用来弥补牧师浪费自己的时间。

心理学研究表明，讲话啰唆，提供的信息过多，会产生稀释效应，导致相关信息的有效性减弱。亨利·朱基亚对两个学生进行描述，并呈现给被试，请他们判断哪个学生学习更好：

"平均每个星期，捷克要花 31 个小时的课外时间学习。"

"平均每个星期，汤姆要花 31 个小时的课外时间学习。汤姆有一个弟弟、两个妹妹。他每隔三个月去看望一次爷爷奶奶。

他曾经赴过一次约会，去见别人给他介绍的女朋友。他每隔两个月打一次台球。"

结果发现，多数被试认为捷克比汤姆学得好。可见，与问题不相关或中性的信息能产生稀释重要信息(学习时间)的作用。如果一个广告或宣传重点不突出，或包含较多的非相关信息，就会减少其强大的号召力。

中性的信息能产生稀释重要信息(学习时间)的作用。

下面以林肯的一次著名演讲为例，说明讲话简明扼要的重要性。

1863 年 11 月 19 日，林肯在宾夕法尼亚州的葛底斯堡国家公墓揭幕式上做了一次演讲。林肯的讲话一向是极简短、极朴素的，这往往使那些滔滔不绝的讲演家瞧不起。葛底斯堡战役后，将为死难烈士举行盛大葬礼。治丧委员会发给林肯一张普通的请帖，他们以为他是不会来的，但林肯答应了。既然总统来，那一定要讲演的，但他们已经请了声名显赫的演说家艾弗瑞特来做这件事，因此，他们又给林肯写了信，说在艾弗瑞特演说完毕之后，希望他"随便讲几句适当的话"。林肯平静地接受了。两星期内，他在穿衣、刮脸、吃点心时也想着怎样演说。演说稿改了两三次，他仍不满意。到了葬礼的前一天晚上，还在做最后的修改，然后半夜找到他的朋友高声朗诵。走进会场时，他骑在马上仍把头低到胸前默想着演说词。在艾弗瑞特滔滔不绝、辞藻华丽的长篇演讲之后，林肯走上讲台，以 10 句话 272 个词，论及美国独立战争以及著名的独立宣言，指出国民殊死的战斗就是为了实现民有、民治、民享的伟大理想。演讲只有两分多钟，而掌声却持续了 10 分钟。艾弗瑞特于演讲次日给林肯写了一封信，自愧个人两个多小时的长篇大论远不如林肯简明扼要的演讲更富感染力和说服力。后人对林肯的这次演讲给予极高的评价，认为这是演说史上最著名的篇章，其思想的深刻，行文的严谨，语言的洗练，确实不愧是彪炳青史的大手笔，因而，被镂刻于华盛顿特区的林肯纪念堂中，成为演说家的范本。

美国第一任总统华盛顿就职演讲只有 135 个词，成为千古美谈，至今很多人能够背诵。而 1933 年某位美国参议员在大会

又臭又长的讲话典型。

上一连讲了 5 天，有好事者统计他在台上总共步行了 75 公里，做了 1 万多个手势，会场上消耗了 400 公升饮料，300 多个汉堡包。作为"懒婆娘的裹脚布——又臭又长"的典型，人们只记住了这些笑料，至于他讲了些什么，早已被后人抛到九霄云外。

可见话不在多而在精！讲长话容易，说短话难。据说有人请教以善于演讲著称的美国第 28 任总统威尔逊："做一个小时的演讲需要准备多久?"威尔逊回答："需要两周。""要讲两个小时呢?""需要一周。""要讲半天呢?""不用准备，马上就可以讲!"

讲长话容易，说短话难。

（二）倾听的技巧

为了更好地沟通，人们大多肯花钱学习演讲，却很少有人肯费时练习倾听。其实，在与人交往中，有时听比说更为重要。俗话说："会说的不如会听的。"因为只有听才能学到新的东西，而说永远学不到新的东西。所以一定要学会认真倾听，不能只顾自己说个痛快，而要专心听、耐心听、善于听。

据某媒体报道，日本邮政省评选出的 10 名最佳保险推销员，大都是性格内向、不善言谈者。

无独有偶，美国心理学家对汽车推销员实施人格测验，并将测试结果与每个人的工作业绩相对照，发现外向健谈、口若悬河者推销汽车的成功率只有30％，而内向寡言、口讷语拙的汽车推销员的成功率却高达80％。

这是为什么呢？道理很简单：把一个产品或服务吹得天花乱坠，往往给人水分多、靠不住的感觉；而言少语讷者却常常给人留下老实可靠的印象。

可见，倾听是最好的说服！你先听他说，他反过来才能听你讲。

倾听是最好的说服！

古希腊哲人苏格拉底有句名言："上帝给我们两只耳朵，一个嘴巴，就是让我们用两倍于说的时间去听。"

法国启蒙主义思想家伏尔泰公开声明："我不同意你的观点，但我誓死捍卫你说话的权利。"

20世纪80年代，我在美国匹兹堡大学研修心理咨询。一位教授在课堂上讲："什么是心理咨询？心理咨询是出租你的耳朵。是花钱请你来听，不是让你来说的！"我们在咨询课上，大量做的是倾听练习。我后来在长期的心理咨询实践中也发现，一些自以为口齿伶俐，表达欲望太强、话太多的咨询师，其咨询效果往往要大打折扣。

我的儿子在生活和工作中遇到难题或烦恼愿意跟我聊，其实从小到大妈妈对孩子关心更多，那为什么他有话愿意对我说而不愿意对妈妈讲呢？就是因为妈妈平时太爱唠叨，经常指责批评孩子，而很少能耐心听孩子讲话。

一般说来，倾听可分为五种层次：第一种是拒绝倾听或表现出厌恶；第二种是假装倾听或听而不闻；第三种是选择倾听，只听感兴趣的内容；第四种是专注倾听，聚精会神听清每句话；第五种是通情倾听，设身处地、感同身受地理解对方的意思，并通过口头或体态做出反馈，与对方情感共鸣和交流。

为了提高倾听效果，必须做到以下几点。

1. 看着对方

沟通时双方都要保持经常性的目光接触，要真诚地表现出对对方所谈的浓厚兴趣。听人讲话既不能东张西望，也不能目光呆滞，讲话者会通过观察你的眼睛来判断你是否在倾听。

2. 给予反馈

对所听到的信息做出反应，暗示对方自己对其所讲的内容感兴趣。在对方讲话时保持微笑并不时点头，表示欣赏或赞同。对对方所谈不能无动于衷、毫无反应，要随时通过口头语言和身体语言给予适当反馈。

3. 避免分心

听人讲话一定要专注，不能心不在焉。应尽量避免看手表、看手机、看报纸或做其他的事，这样会使对方认为你没有用心听或对其所讲的内容不感兴趣，让对方感到不被尊重。可采用适当身体姿势(前倾、侧耳等)来表明自己在注意倾听。

4. 随时提问

在倾听时提问，可以使自己更准确地理解对方的意思，并增强交流者的互动。当自己不理解或对方表达不清时，应通过提问来加以引导和澄清。

5. 适当复述

用自己的话重复所听的内容，既可以使自己的注意力集中于交流内容，也可以检查自己对所听内容理解的准确性。但复述不宜过多。

6. 避免打断

在对方说话时应尽量耐心听，等对方说完了自己再说。插话要征得同意，不要因厌倦打断对方，更不要轻易做出道德判断。当对方所谈不利于自己甚至伤害了自己时，用个人感受的形式表达比用评价和指责的形式更易于为对方接受。

7. 回答问题

对讲话者提出的问题，要尽可能迅速做出反应，以免使对方陷入尴尬或失望。回答要简明扼要，不要答非所问或"顾左右而言他"。

8. 听潜台词

要学会听副语言，还要观察对方的身体语言，以便听出弦外之音和隐含的真实意义。不要将好心理解为恶意，也不要把讽刺听成赞赏。

9. 灵活转换

虽然有效的倾听者应该全神贯注于说者所表达的内容，但不应该固着自己的角色，而应该在说者与听者的角色之间灵活转换。

（三）提问的技巧

20 世纪最伟大的科学家爱因斯坦有句名言："提出一个问题比解决一个问题更重要。"

在沟通过程中，无论讲话者还是倾听者都应掌握提问的技巧。无论何时都不要靠"想当然"猜测对方的真实意思，即使你认为自己完全明白了对方的想法，只要不是对方直接表达出来的，你也要通过提问加以确认。

1. 选择关键问题

问题要具体，不要提大而无当、不着边际的空洞问题，更不要提无聊的八卦问题或涉及个人隐私的问题，而要提能把谈话引向深入的重要问题。

2. 把握提问时机

讲话者可在听者皱眉或摇头时问对方是否没听懂或有不同意见，也可在听众走神或心不在焉时提出问题以吸引对方注意；倾听者可在对方一个问题讲完或停下喝水时，就自己没听清、不理解或有不同意见的问题发问。

3. 运用合适方式

提问时不能傲慢无礼、咄咄逼人，而要以虚心求教的态度、平和的语调提问，并认真倾听对方的回答。

4. 相互平等讨论

无论对讲话者还是倾听者的回答都不要简单否定，更不要随便加以批判，而要以平等的态度进行讨论切磋。

5. 有限选择诱导

在日常生活和工作中，为了说服别人按我们的意见做，可以采用有限选择法，引导对方将注意聚焦于怎么做而不是是否做，或诱导对方只能按我们提出的办法做。例如：

"你想现在听故事还是晚点儿再听?"（排除了不听的可能）

"你看我们是走着去还是骑车去?"（排除了打车或乘公交）

"您可以付 88 元或 100 元，您愿意付多少?"（排除了其他的价格）

6. 层层剥笋发问

前面曾讲到，心理咨询是"出租耳朵"，是一门倾听的艺术。心理咨询同时还是一门提问的艺术。倾听只是让来访者宣泄，只有通过巧妙的提问，才能搞清来访者的问题症结所在，并让来访者在回答问题的过程中理清思路，自己解决自己的问题，自己走出来。所以心理咨询又叫助人自助。

我曾接待过一位大学男生，他说自己懒，向我讨教解决办法。下面是我(I)同他(H)的一段问答：

H：老师！ 我这人特懒，您能帮我克服吗?

I：你怎么个懒法，你懒的表现是什么?

H：就是太懒散！

I：能不能讲得具体一点？

H：也就是不振作，打不起精神。

I：能不能讲得再具体一点，在日常生活中有什么行为表现？

H：主要是睡懒觉。

I：睡懒觉有两种情况：一种是睡不醒，另一种是醒了不起来。你属于哪一种？

H：我是后一种。

I：睡醒了不起来，总要想点什么或做点什么。你通常想什么、做什么？

H：瞎想，胡思乱想！

I：你最近一次睡懒觉是什么时候？

H：昨天是周末，我到中午才起来。

I：几点醒的？

H：七点多吧！

I：醒了躺在床上，都想些什么呀？

H：乱七八糟，不记得，忘了！

I：你几个小时想了很多，都记得不可能，但昨天的事也不可能都忘记。作为大学生，无非是想和学习、生活、人际交往、休闲娱乐有关的问题，那你到底想些什么呢？

H：老师，不好意思，我跟您实说了吧！我手淫。

I：从多大开始的？

H：初三那年。

I：你对手淫怎么看？

H：听老人说，一滴精十滴血，会伤元气。我这辈子算完了！您救救我吧！

这是我们在咨询中经常遇到的情况。有些人的问题涉及隐私，羞于启齿，来咨询时就会兜圈子或含糊其词。通过不断提问，终于搞清这个学生的主要问题是对手淫的误解和精神负担，然后通过讨论讲解并介绍他看一些医学和心理学的书籍，使他解除了对手淫的沉重思想包袱，轻松投入学习。我这里采用的是心理咨询中的具体化技术和层层剥笋的提问方法，使来访者的问题得以澄清。如果我们一味空洞说教，讲一番年轻人要有远大理想，要努力奋斗、勤奋学习的大道理，不但毫无效果，还会失去学生对你的信任。我们常常说"一把钥匙开一把锁"，可是在工作中却往往试图用一把万能钥匙来开所有的锁。有时是隔靴搔痒，有时甚至连靴子都没摸到。

7. 满灌脱敏解困

一位女青年，30岁了尚未婚嫁，心里难免有些焦虑。不久前，有人为其介绍了一个男朋友，见了几次，感觉还不错。但最近小伙子不同她联系了，她心里犯嘀咕，吃不下，睡不着，于是找我做咨询。下面是我(I)和她(S)的对话：

S: 教授！ 您说他这么多天不约我，是不是就是要跟我吹了？

I: 你怎么会想到他要跟你吹了呢？

S: 我有一种预感。

I: 你这预感是从哪来的？

S: 来自我的经验。

I: 什么经验？

S: 我谈过几次朋友，开头都挺好，可不知为什么，每次见面的时间越来越短，两次见面的间隔越来越长，后来就不了了之了。 您看，现在这个又要重蹈覆辙了。

I: 你们有多少天没见面了？

S: 十多天了！

I: 这些天他一次都没约你，那你有没有去约他？

S: 我不敢，怕他拒绝我。

I: 拒绝了你会怎样？

S: 那我就完了，非崩溃了不可！

I: 怎么会崩溃呢？

S: 我失败多次了，经不起这种打击了！

（于是，我让她闭上眼睛，想象几种最可怕的后果，如男友不再理她，交了新的年轻漂亮女朋友，还故意在她面前示威等。 当她在想象中脸色发白、心跳加快时，再让她做深呼吸，想象自己找到了更优秀的男友。多次反复之后，她的情绪渐趋平静。）

　　I：你现在有什么想法，有什么感受？

　　S：我得找他去！

　　I：为什么要去找他？

　　S：老这么下去就把我拖垮了，问问他什么意思，给个痛快话！

　　I：你不是不敢找他吗，怎么又敢了？

　　S：有什么了不起的，最坏不就像您说的这样吗？看来我垮不了！

　　我这里所采用的就是心理咨询中的满灌疗法。可见，提问的过程既可以是澄清问题的过程，也可以是解决问题的过程。

（四）表扬的技巧

　　要说服或引导一个人做好事，最简单的方法就是当他做对了的时候给予鼓励或表扬。俗话说："好孩子是夸出来的。"心理学认为，表扬鼓励是塑造良好行为的重要强化刺激，指责训斥、打骂惩罚不利于儿童的健康成长。

　　20世纪80年代，我从美国回来不久，中央电视台有记者要来采访。当时游戏机刚刚传入中国，好多中小学生痴迷玩游戏机而影响了学习，要我谈谈原因和对策。我对此问题没做过研究，又从未玩过游戏机，自感无发言权。但记者执意要来采访，只好利用午饭时间请教刚上中学的两个儿子，问他们为什么喜欢玩游戏机。老大抢先从游戏活动的内容和形式做了介绍，什么飞机坦克、机枪大炮、电闪雷鸣等，又刺激又惊险，很好玩！小儿子补充道："还有一条，游戏机从来不批评人，老是说'打中了！''成功了！''加十分！'所以大家都喜欢。"反观目前的学校教育，内容枯燥，形式呆板，老师动辄训斥批评，学生怎么会喜欢学习呢？

游戏机总是鼓励人。

不但儿童，成人也需要并喜欢表扬，表扬是社会和谐的润滑剂。人本心理学概括了人际关系的四种模式：一是我好，你不好(I am OK, You are not OK)；二是你好，我不好(You are OK, I am not OK)；三是你不好，我也不好(You are not OK, I am not OK)；四是我好，你也好(I am OK, You are OK)。哪种关系最和谐？当然是悦纳自己、善待他人的第四种。最不和谐的是天下乌鸦一般黑，人不为己、天诛地灭的第三种。自卑自贱、崇洋媚外是第二种模式。在我国一度盛行的大鸣、大放、大字报、大批判则是第一种模式的登峰造极。正是这种不断批判的斗争哲学，搞得人人自卫、互有戒心，闹得个个灰头土脸、威信扫地。当群体中的每个人都瞪着斗鸡眼彼此挑毛病的时候，还侈谈什么增强团结和战斗力呢？有人会问，难道对缺点错误，特别是贪污受贿等不良现象也放任不管吗？当然不是！但解决腐败问题主要靠法律威慑、体制制约和公众监督，而不是靠内部相互批来批去，或自我反省的所谓觉悟。笔者的意思并不是废除批评，而是要以表扬为主，用积极因素克服消极因素。好比对付癌症，西医的办法是通过手术或化疗消除癌细胞，很难彻底治愈；中医的策略是扶正祛邪，调动自身的免疫功能去战胜癌症。二者都可行，但哪种更可取呢？起码要二者相结合或用后者给前者以补充吧！有人问，你好、我好的相互表扬不成了一团和气吗？我要答，一团和气有什么不好？和气生财嘛！易言之，多表扬、少批评才能创造社会的和谐氛围。

愿意得到表扬，是人的普遍心理需求；而善于赞美、表扬他人，则是一种需要学习的美德。表扬也要掌握技巧。

1. 态度真诚，内容真实

表扬要发自内心，要实事求是，不虚情假意，不言过其实。夸奖要言之有物，切忌陈词滥调、华而不实和虚伪浮夸。如果称赞别人是为了操纵对方获得好处，那就成了令人讨厌的阿谀奉承、溜须拍马。

2. 无条件正面关注

为了能看到每个人的优点和长处，标准不能单一，必须多元化，全面看问题，这方面不好那方面好；可以通过自比，发现一个人的进步，有现在不好将来好的发展眼光；还要努力寻找问题的正面意义，从不好中看到好的一面，如从胆小中看到谨慎，从小气中看到节俭，从危险中看到机会。

3. 要具体不要空泛

表扬的内容要清晰明确，不要笼统模糊、泛泛而谈，最好列举出具体行为表现或事实。

4. 要及时不要滞后

巴甫洛夫的条件反射学说，强调及时强化对培养行为的重要性。发现一个人做了好事，有了进步，一定要及时表扬加以鼓励。干好干坏一个样，得不到及时强化，正确行为也会逐渐消退。

5. 要重在后天因素

夸一个人很聪明，很漂亮，不如说："你很勤奋，很努力!""你的打扮很得体，气质很高雅!"也就是要表扬行为。先天的东西无法改变，更不是自己努力的结果，表扬不但毫无意义，夸赞多了还可能导致一个人骄傲自满，不思进取。

6. 要循序渐进

表扬的标准不要订得太高，只要向我们所期望的目标前进一步，就要给予表扬鼓励，也就是循序渐进，抓住每一个具体的小事和微小进步加以赞扬。我们前面介绍"观念差异适度"战术时讲到的案例运用的就是这种技巧。

7. 要因人而异

要考虑到表扬对象的各种因素，包括年龄、性别、职业身份、文化程度、性格爱好、处境心情，以及与表扬者的特定关系等，这些因素都会直接影响表扬的效果，所以必须因人而异，否则，就会产生不良的后果。比如，对于一个自卑者，你的一声真诚的赞美，将有十分明显的激励作用，能够更加坚定他奋发努力的信心。而对于一个骄傲自大的人，过多的表扬则可能促进他的自我膨胀。

8. 要多种形式

表扬鼓励不要太单调，而要形式多样、富于变化。除了口头表扬、书面表扬外，还可以运用身体语言，比如，点点头、笑一笑、鼓鼓掌、拍拍肩膀等，都是很好的鼓励方法：可以直接表扬，也可以间接表扬，有时含蓄地表扬效果更好；可以当面表扬，也可以背后表扬，本人不在场的表扬往往效果更好；可以领导表扬下属，也可以鼓励群众相互表扬。

我小儿子 6 岁上学后，跟我住宿舍、吃食堂，我因为夜里写书、备课，每天起得比他晚，常常吃不上早饭。有一天起床后，发现桌上有一碗豆浆、两根油条，知道是儿子做的好事。中午我神秘地对他说："昨天夜里圣诞老人来了，送给我一顿美味的早餐。我很久没喝这么鲜的豆浆、没吃这么香的油条了!"儿子听了美滋滋的，以后就更经常为我服务了。

中央电视台"实话实说"栏目，有一期讨论教育问题的节目。

当时还是崔永元做主持，嘉宾是北京一所小学的老师、学生和家长，这所小学是我负责的教育部重点课题"学生心理健康教育研究"的实验校。一位班主任老师和她班上的一个男生及家长，在演播厅讲了这样一个故事：这个学生调皮捣蛋，经常违反学校纪律，老师批评不听，便经常打电话或写字条向家长反映孩子的问题，学生的父亲是个文化程度不高的工人，脾气暴躁，老师一告状便打孩子，孩子又恨老师、又恨爸爸。我的研究生进驻实验班后，建议老师采用几个家长联系本，每天观察并记录几个经常违纪学生的优点、进步和做的好事，写得非常具体，如今天准时到校没迟到，按时交作业了，上课没打闹等。周末让学生交给家长，家长每次看完都很高兴，请儿子吃麦当劳。到了下一周，孩子表现更加好。一个学期下来，几个调皮捣蛋的学生都变好了。

在我的另一所实验校，一位老师给初中学生上心理健康课。她先让学生讨论追星的利害得失，接下来引导学生推举本班的球星、歌星、数学明星、英语明星、写作明星、演讲明星等，进而得出人人都可当明星的结论。然后将一个事先设计好的追星台挂到教室墙上，又拿出一个塑料盒摇晃了几下，对全班同学说："大家的名字都在盒子里，我们抓阄，抓到谁，谁就是本周之星，将名字贴到追星台上，大家这一周都追他，看他有什么优点、最近有什么进步或做了什么好事，写成纸条贴到追星台上。以后每个周一早上抓一次阄，大家轮流当明星，期末谁得到的字条最多，谁就是最闪亮的明星；谁贴的条子多，谁就是最好的追星族。"一年下来,全班同学个个表现都很优秀。

(五)批评的技巧

人非圣贤,孰能无过!表扬是引导人多做正确的事,而批评则是说服人不做或少做错误的事。批评与自我批评虽然不能解决腐败问题,但对克服一般缺点错误,防微杜渐、预防腐败还是有帮助的。可见只有表扬没有批评的教育是不完整的教育。我们在生活、学习和工作中,难免会出错,通过批评与自我批评,有助于分析错误原因并找到解决办法。

表扬有技巧,批评更要讲究技巧。批评的方式方法不当,不但无助于问题的解决,还会引起矛盾,影响团结,涣散人心,削弱组织的战斗力。

开展批评要注意以下几个方面。

1. 出于公心不泄私愤

批评一定要本着治病救人的目的和与人为善的态度,真诚地指出对方的错误所在。要实事求是,既不掩盖,也不夸大。要在不指责、不讽刺挖苦的语境下,清楚地表达自己的看法和感受。

2. 先肯定积极方面

可先肯定对方过去一贯表现不错、在其他方面很好或动机是好的,也可以列举对方过去对自己的恩惠等。比如,"你的身体很棒,品行也很好,若能把贪玩的毛病改掉,把学习搞上去,那就太完美了!"

3. 把错误看成暂时的

分析错误的情境特定性,相信对方会接受教训,不再犯类似的错误,不要随便给人下"顽固不化""不可救药"的结论。

4. 就事论事,不否定整个人

具体指出对方在哪一点上错了,而不要用"愚蠢""道德败坏"等字眼,不要讽刺挖苦,更不要侮辱人格或进行人身攻击。

5. 注意时间地点场合

除非情况紧急,通常对人的批评应在事后私下进行,而不要当众批评,以保护当事人的自尊心。有时也可在对方心情好时再做批评。

6. 把批评转换为问题

采用幽默、疑问或讨论的口气而不要直接指责对方。例如,不要说"你的想法根本行不通!"可以改为"你打算怎样实现那个想法"?

7. 提出希望或建议

可针对一个人轻微的缺点和不太严重的错误,把对他的批评变成提出相反行为的希望或建议,对方可能更容易接受。例如:"希望今后注意培养雷厉风行的工作作风,努力改掉做事拖拉的习惯。"

8. 不简单否定对方

承认对方的不满或牢骚有一定价值;强调对方提案更适合其他场合,而不要简单否定,把对方的意见说得一无是处。

9. 批评中包含自己

例如："这件事我也有责任，我当时也没想到后果会这么严重!"又如，与其骂对方"你真是浑蛋! 怎么能这么做?"不如改成"咱们这么做，会被人骂成浑蛋的。"

10. 允许被批评者申诉

批评不可能百分之百正确，批评错了也是可能的，因此，应允许对方申辩，并要耐心听取对方解释。如果确实批评错了，则要向对方道歉。

下面是一个巧妙批评的例子。

1923 年，约翰·卡尔文·柯立芝登上了美国总统的宝座。柯立芝有一位漂亮的女秘书，长得不错，工作时却经常出错。一大早，秘书走进办公室，柯立芝说："今天，你穿的这身衣服真漂亮，正适合你这样年轻漂亮的小姐。"这几句话让秘书受宠若惊。柯立芝说："但是，你也不要骄傲，我相信，你的公文也能处理得和你一样漂亮。"从那天起，女秘书在工作中很少出错了。一位朋友知道了这件事，就问柯立芝："这个方法很妙，你是怎么想出来的?"柯立芝说："这很简单，你看见过理发师给人刮胡子吗? 他要先给人涂肥皂水，为什么呢? 就是为了刮起来使人不痛。"

在现实生活中，如何将表扬和批评有效地结合是一门很大的学问。多年前，阿伦森提出了人与人之间相互吸引的增减理论。他与达温·林德合作，通过一个巧妙设计的复杂实验证明(在《社会性动物》一书中对该实验有翔实介绍)，一个对我们的喜爱逐步增加的人，比一贯喜爱我们的人，更令我们喜爱他；一个对我们的尊重逐渐减少的人，比一向不喜爱我们的人更不受我们的喜爱。这就是说，当某人最初对我们否定的态度（批评）渐渐转变为肯定的态度（表扬）时，我们会觉得这是比某人一直完全对我们持肯定态度更大的酬赏。相反，当一个曾经积极评价（表扬）过我们的人变成一种消极眼光看待（批评）我们时，我们会觉得这比他或她一直对我们表现出否定的态度（批评）更加痛苦。这一理论提示我们，家长和教师对优秀孩子表扬过多，孩子会习以为常，起不到相应的激励效果，而一旦减少表扬或给予批评，孩子则会无法接受而感到痛苦；相反，对于平时很少受表扬或经常挨批评的孩子，更多给予表扬则能产生意想不到的积极效果。

（六）拒绝的技巧

在日常生活中，有的人为了要与他人建立良好的人际关系，对他人的要求一律不拒绝，无条件地服从，哪怕涉及了自身的利益，心里不满意也是如此。但有些要求可能是无理的，有些要求可能是自己无力做到的。不好意思拒绝别人的要求，往往是太在意别人对自己的看法，这实际上是缺乏自信的表现。

当我们遇到某人的请求不合情理，或者严重侵犯到我们自身利益的时候，应主动采取拒绝行为，大胆说"不"！但如何拒绝别人，这里也有一些技巧，具体说来，可按以下几步加以拒绝。

1. 耐心倾听

不要别人刚一开口就予以断然拒绝，过分急躁地拒绝很易引起对方的反感。应该耐心地听完对方的话，搞清其要求是什么，然后考虑这个要求是否合理，自己是否有能力满足其要求。一定要显示出自己的拒绝不是草率做出的，而是在认真考虑之后才不得已而为之的。

2. 感谢信任

听完对方的请求后，首先感谢对方在需要帮助时可以想到你，是对你的信任。不要以一种高高在上的态度拒绝对方的要求，不要对他人的请求流露出不快的神色，更不要盛气凌人，蔑视或忽略对方，而要始终保持一种和蔼的态度，表示出对求助者的好感和真诚之心。

3. 表示歉意

拒绝时可以用"实在对不起""请您原谅"等话语略表歉意，以减轻对方因遭拒绝而受的打击，并舒缓对方的挫折感和对立情绪，减轻逆反心理。

4. 明确说不

对于明显无理的要求或自己无力办到的事，应明确地说出"不"字。模棱两可的说法会使对方抱有希望，引发误解。一定要让对方丢掉幻想，彻底死心，不再来麻烦你。

5. 解释原因

通过委婉解释以使对方明白，自己的拒绝并非毫无理由，而是确有一些无可奈何的原因，确有某种难以说出的苦衷。要表示出无能为力，或迫于情势而不得不拒绝。一定要让对方理解你拒绝的是他的请求，而不是他本身。

要让对方理解你拒绝的是他的请求，而不是他本身。

6. 提出建议

拒绝之后，最好为对方指出处理其请求的其他可行办法，提供一些建议和解决问题的其他途径，向对方表达你愿意帮他的诚意，以减轻对方的怨恨心理，从而赢得对方的好感。

例如，一个朋友让你为他撒个谎，证明他有做某项工作的经验，你可以这样回答："我理解你的心情，如果我不答应，你会很失望。但我实在不想这样做，这很可能会给我带来麻烦，对你将来也未必有好处，因此，我还是要说实话。但我可以通过其他方式帮你，我会尽力说服那个老板给你一份工作，你其实很能干，即使缺乏他所需要的经验，我还是会建议他将这份工作给你。"

我们中国人"爱面子"，通常不习惯说"不"，往往以"考虑考虑"或"研究研究"作为托词，而不愿意当面拒绝请求，希望通过拖延时间不了了之，或使对方知难而退。这种做法实不可取，不但贻误他人，空耗了对方的时间，也显得自己不够真诚。如果确实不能立刻做决定，或因某种原因不好当面拒绝，则应该明确告知对方考虑的时间，并要按时回复，表示自己的诚信。

（七）面试的技巧

当代社会，无论升学还是求职都经常需要面试。如何在面试中推销自己，这里面也大有学问，只有掌握并灵活运用一些面试技巧，才能说服主考官，做出录用你的决定。

1. 做好充分准备

了解面试时间、地点和程序；了解所报岗位或用人单位的情况，通过多种渠道收集相关信息，搞清对方的需要；多带几份简历以备不时之需(如考官可能为多人)。

2. 注意仪表形象

打扮要大方得体，符合自己的身份和申请的岗位。通常应着正装，整洁端庄即可，不必追求名牌或过于花哨；既不要不修边幅，也不要浓妆艳抹。

3. 提前到达现场

最好提前5～10分钟到达面试地点，既可熟悉环境，又可调整自己的心态，以免仓促上阵，手忙脚乱。如果迟到了，肯定会给考官留下不好的印象，甚至会丧失面试的机会。

4. 缓解紧张情绪

进入考场前可通过深呼吸或在大脑中浮现出草地鲜花、蓝天白云等美好景色放松入静；还可以冥想过去的成功经历来增强信心，减缓紧张；也可翻阅一本有趣的杂志或书籍，转移注意力，克服怯场心理。入场后尽量保持心态平和，努力展现自信的微笑，静听考官发问。开头回答问题时，语速可适当放慢一些，等自己进入状态后再适当增加语速。这样，既可以稳定自己的紧张情绪，又可以扭转面试的沉闷气氛。

5. 遵守社交礼仪

应先敲门，得到允许后再进去。开关门动作要轻，以从容、自然为好。见面时要向考官鞠躬问好，切勿急于落座。当考官请你坐下时，应道声"谢谢"。然后面带微笑，环视主考官，等候发问。

6. 仔细听清问题

对考官的问题要认真倾听，不要打断问话或抢问抢答，否则会给人急躁、鲁莽、不礼貌的印象。听不懂或没听清时，可复述一遍问问考官自己的理解是否准确，或礼貌地请求对方解释一下或再说一遍。要确实搞清提问内容，切忌答非所问。对考官似乎有些重复的问题也要有耐心，不要表现出不耐烦。

7. 回答简明扼要

回答问题要条理清晰，层次分明，不谈无关、无用的内容，避免重复、唠叨、游离主题。回答考官的问题，口齿要清晰，音量要适度，答话要简练、完整，忌用口头禅，更不能有不文明的语言。要把握重点，简捷明了，有理有据，切忌泛泛地侃侃而谈。一般情况下回答问题要结论在先，议论在后，先将自己的中心意思表达清晰，然后再做叙述和论证。否则，长篇大论，会让人不得要领。

8. 突出个人特色

考官有时接待应试者若干名，相同的问题问若干遍，类似的回答也要听若干遍，难免会有乏味、枯燥之感。只有独具见解和个人特色的回答，才会引起对方的兴趣和注意。要突出自己的专业造诣、能力特长和性格优势，尽量通过以往的经历和成功案例展示自己的才能。

9. 注意考官反应

面试不同于演讲，而是更接近于一般的交谈，应随时注意听者的反应。比如，考官心不在焉或有些不耐烦，可能表示他对自己这段话没有兴趣，你得设法转移话题；考官侧耳倾听，可能意味着考官对此内容感兴趣，也可能是自己音量过小使对方难以听清；考官皱眉、摇头可能表示自己言语有不当之处，应立即修正。

10. 保持谦虚谨慎

不要不懂装懂，遇到自己不知、不懂、不会的问题时，回避闪烁、牵强附会、含糊其词和胡吹乱侃的做法均不足取，诚恳坦率地承认自己的不足之处，反倒会赢得考官的信任和好感。当与考官的观点不同时，可以请教的态度适当发表不同意见，但语气要平和，切忌与考官争论。回答问题时可偶尔幽默一下，但不能油嘴滑舌，嬉皮笑脸，更不能调侃考官。

11. 运用体态语言

在整个面试过程中，举止要文雅大方，不卑不亢。要始终保持良好体态，切忌大大咧咧，左顾右盼，满不在乎。如果有两位以上的考官时，回答谁的问题，你的目光就应注视谁，并应适时地环顾其他考官以表示对他们的尊重。谈话时，不要东张西望，显得漫不经心，也不要低眉垂眼，显得缺乏自信。

12. 礼貌结束面试

面试结束时要感谢考官给自己机会，并询问考官自己下一步该做什么，何时给予确切消息等。得到允许后起立道谢，鞠躬并说"再见"，把椅子放回原处，出来时随手关门。回来后写封信给考官表示感谢，一般在面试后 2～3 天后发出。内容包括：致谢、应聘的时间和经过等，并再次简短地表明自己的兴趣及对未来的信心。这样做既有提醒对方的作用，又能增加好感和被录用的机会。

在人际沟通中书面语言的作用非常大，书籍报刊、文章诗歌、小说戏曲等有不可低估的影响，为了提高宣传和说服效果，写作技巧也十分重要，但因涉及内容太广，本书只能从略。

八、

营造三种氛围

环境会影响人的情绪、认识和行为，因而也会影响宣传与说服的效果。所以在做宣传和说服工作时一定要选择或营造一个理想的环境氛围。

（一）物理氛围

物理氛围包括自然风景、人造文物，温度、声音、气味、色彩等许多方面，所有这些都会影响人的心情，从而影响说服的效果。

李白的"举头望明月，低头思故乡"。杜甫的"感时花溅泪，恨别鸟惊心"。林黛玉的"对花落泪，对月伤悲"，都说明了自然环境对人的心理的影响。

花前月下、小桥流水，适合谈情说爱；烈士墓、纪念碑前适合进行革命传统教育；在天安门和万里长城上进行爱国主义教育，也能收到不错的效果。

狭窄闷热、光线耀眼、噪声刺耳的场所会使人烦躁焦虑，因而不容易被说服；而安静优雅、音乐柔和、气味芬芳、充满诗情画意的环境，让人心旷神怡，自然容易接受新的信息和观点。

"文化大革命"期间，处处大字报，天天大辩论，派性膨胀，武斗升级，人们变得越来越疯狂，除了政治原因外，全国一片红海洋的色彩以及高分贝大喇叭的刺耳噪声也可能起了某种推波助澜的兴奋和刺激作用。

心理学研究表明，身患抑郁症的人见到黑色会更加抑郁。据说英国有座黑色大桥，经常有人在桥上跳水自杀。后来，在心理学家的建议下，改变了大桥的颜色，在桥上自杀的人便减少了。

色彩心理学在国外十分流行，在广告和服装设计、城市建筑、庭院绿化和室内装修等方面都有广泛的应用。

有一家生意不错的餐馆，老板想把生意做得更火，便请施工队粉刷了餐厅，出乎意料的是，装修后的餐馆营业额非但没有增加，反而下降了。老板大惑不解，于是聘请专家顾问帮助寻找原因。专家看后建议老板将餐厅绿色和蓝色的墙壁改为红色和橙色。重新粉刷后营业额立刻大增。这是为什么呢？原因很简单：在色彩心理学看来，绿色、蓝色属于冷色调，能使人感到凉爽，并能抑制胃口；而红色、橙色都属于暖色调，能使人感到温暖，并有刺激食欲的作用。在冷色调下，人们胃口不开，吃得就少，可是因为凉爽怡人，于是停留的时间久，餐桌利用率低，营业额自然会下降。变成暖色后，顾客的胃口大开，吃得多，吃完感到热立马便走，翻台率高，营业额岂能不提升！

可见，心理学无处不在！

懂得了这个道理，为了提高宣传和说服的效果，我们难道不应该选择一个美好的自然环境并努力营造一种惬意的物理氛围吗？

（二）社会氛围

人是社会性动物，社会人文环境对人有极大的影响。在宣传和说服他人时，可通过以下三种社会氛围，提高宣传和说服的效果。

1. 发挥榜样作用

心理学认为，模仿是人类除了条件反射之外最重要的学习途径。

沟通锦囊

> 模仿是人类除了条件反射之外最重要的学习途径。

埃利奥特·阿伦森和迈克尔·奥利里做了下面一个实验：在某大学运动场的浴室墙上挂了一块牌子，写着"为节约用水，当你往身上打肥皂时请关上水龙头"。因为这个行为会给人带来小小的不便，所以系统观察发现，只有6％的学生遵守了这一要求。后来，他们招募了几个学生分别作为榜样和观察员来帮助完成这个实验。结果发现，当有一位学生做出榜样时，有49％的学生会在打肥皂时将水龙头关上；当有两位学生成为榜样时，遵守规定的学生人数增加到67％。

在一个有趣的实验里，理查德·席阿迪尼及其同事把传单塞在一些汽车的风挡雨刮器下，在没有榜样的情况下，车主看到传单时，有37％的人把它扔到地上。而如果他们走向汽车时看到有人(实验者助手)从地上捡起一个被人扔掉的快餐袋，只有7％的人会把传单扔到地上。中国人出国后很快养成文明的习惯，主要就是受到了榜样的影响。

在我们看演出或听报告的时候，只要有一人带头鼓掌，大家就都会鼓起掌来。某些电视节目或重要场合设置领掌员的奥妙就在于此。

榜样的力量是无穷的！抓典型、树样板是我们思想政治工作的成功经验，也是引导人们做出正确行为的有效方法。20世纪60年代，伟大领袖毛主席发出了"向雷锋同志学习"的庄严号召，广大群众特别是青少年高唱《学习雷锋好榜样》的歌曲，掀起了助人为乐的高潮。

俗话说：领导喊破嗓子，不如甩开膀子、干出样子；老师讲得口干舌燥，不如以身作则、言传身教；要求群众做到的，干部首先要做到，这是宣传和思想政治工作的基本原则，也是最有效的教育和说服手段。

领导喊破嗓子，不如甩开膀子、干出样子。

心理学研究表明，当某个人与我们有相同之处，或该人非常重要具有权威时，我们更容易将其作为榜样，模仿其行动。

不但做好事有榜样作用，做坏事同样有榜样作用。多年前，著名心理学家阿尔伯特·班杜拉及其同事进行了一系列经典实验。其基本程序是：一位成年人打一个空气填充的塑料玩具——"波波"娃娃(类似不倒翁的玩具)，一边打一边骂。先让一些孩子看到大人的所作所为，然后让他们去玩这个娃娃。在这些实验中，这些孩子不仅模仿了大人的攻击行为，而且还会发明新的、创造性的攻击行为。班杜拉把这一过程称为社会学习。

在当代，社会学习的诸多影响因素中起主要作用的是大众媒体——尤其是电视。毫无疑问，电视在儿童的社会化方面有不可低估的作用。根据美国的调查，58％的电视节目涉及暴力场面，而其中78％的节目非但不涉及对这些暴力行为的懊悔、指责或惩罚，还有 40％的暴力事件是由孩子们喜爱的英雄人物或有魅力的榜样发起或做出的。在一次美国国会关于电视暴力节目的听证会上，报告的统计数据是一个 12 岁的孩子在电视上平均看了 10 万个暴力行为。

大量的实验证据表明，观看电视暴力节目的确会增加孩子们的攻击性行为。罗伯特·利伯特和罗伯特·巴伦给一组孩子看暴力程度极高的电视警匪片的片段，给另一组各方面条件类似的孩子看一段令人激动但没有暴力色彩的同样长度的电视体育片。然后每个孩子都被允许到隔壁的房间里和另一组孩子玩。结果显示，看过充斥暴力场面的警匪片的孩子比看过体育片的孩子更多地表现出对同伴的攻击行为。罗斯·帕克及其同事通过类似实验证明，即使没有暴力倾向的孩子，如果长期观看暴力节目，也会变得更有攻击性。玛格丽特·汉拉提·托马斯及其同事的实验表明，看电视暴力节目可以使人们在面临真实生活中的攻击行为时反应麻木。

上述研究给我们的启发是，对于一些歌颂革命战争和英雄人物等所谓主旋律题材的影视作品，以及充满打斗凶杀的武侠片、功夫片，其客观效果如何，特别是对于儿童和青少年的正反面影响，有必要加以认真讨论研究、重新认识。笔者认为，当前应更多地推出反映改革开放和反腐倡廉等现实题材以及歌颂善良、诚信、忠孝等主流价值观和中华民族传统美德的影视作品，减少对"造反有理""宁死不屈""不怕坐牢杀头"和"该出手时就出手"的绿林好汉以及尸横遍野、血流成河的战争场面的宣扬。另外，影视作品的分级制度也应尽快纳入日程。领袖和英雄人物以及青少年崇拜的偶像在影视片中吸烟，都会成为榜样而被一些人模仿。幼儿园小朋友相互接吻，未成年人偷尝禁果，某些大众媒体也难辞其咎。

西方的大量研究表明，自杀行为也可被模仿。菲利普斯等人深入研究了青少年在观看有关自杀的电视新闻或阅读相关专题报道后自杀率的上升情况，发现报道后一周内，青少年的自杀率急剧上升，对自杀事件报道越多，自杀事件就越多。德国作家歌德的名著《少年维特之烦恼》出版后，许多失恋青少年模仿维特自杀，心理学将此种现象称作"维特"效应。前几年富士康多名青年工人跳楼自杀，随着媒体的大肆渲染报道，自杀者越来越多，连续发生十几起，后来，在中央的禁令下媒体停止了炒作。

2. 利用从众心理

人类在长期的生存竞争中养成了群居习惯，离群索居会产生孤独感，只有与群体在一起才会感到安全。

在《社会性动物》一书中，阿伦森引用了詹姆斯·瑟伯的一段文字，很传神地描述了人的一种从众现象。

> 突然，一个人跑了起来。也许是他猛然想起了与情人的约会，现在已经过时很久了。不管他想些什么吧，反正他在大街上跑了起来，向东跑去，可能那里的一家饭店是男女朋友见面的最佳地点。另一个人也跑

了起来，这可能是个兴致勃勃的报童。第三个人，一个有急事的胖胖的绅士，也小跑了起来……十分钟内，这条大街上所有的人都跑了起来。嘈杂的声音逐渐清晰了，可以听清"大堤"这个词。"决堤了！"这充满恐惧的声音，可能是电车上的一位老妇人喊的，或许是一个交通警说的，也可能是一个小男孩说的。没有人知道究竟是谁说的，也没有人知道真正发生了什么事。但是两千多人都突然溃逃起来。"向东！"人群喊了起来——东边远离大河，东边安全。"向东去！向东去！"

一个又高又瘦、目光严厉、神色坚定的妇女从我身边擦过，跑到马路中央。而我呢？虽然所有的人都在喊叫，我却不明白发生了什么事情。我费了好大劲才赶上这个妇女，别看她已经快 60 岁了，可跑起来倒很轻松，姿势优美，看上去还相当健壮。"这是怎么了？"我气喘吁吁地问她，她匆匆地瞥了我一眼，然后又向前面望去，并且稍稍加大了步子，对我说："别问我，问上帝去！"

瑟伯的这段描写，虽然有些可笑，却很恰当地说明了人类的从众现象。一两个人，由于自己的某种原因开始跑起来，没多久，所有的人都跑了起来，为什么呢？因为别人在跑。按照瑟伯的故事，当跑的人终于弄清楚大堤根本没有决口时，他们会感到自己非常傻。但是，如果他们不从众、不跑，而大堤真的决了口，他们就会感到自己更傻了。

从众有时也叫盲从，俗称"随大流"。社会心理学对从众的定义是，由于真实的或臆想的来自群体的压力影响而改变自己的观点或行为。

美国心理学家索罗蒙·阿希做了一个非常有名的实验来证明从众现象的普遍性。他设计的实验情境是这样的。

请大学生志愿在一个知觉判断实验中当被试，与另外四名被试一起走进实验室。实验者给他们五个人出示一条线段 X，同时出示另外三条线段 A、B、C(见下图)，让他们判断三条线段中哪一条与 X 线的长短最接近。

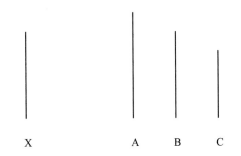

这个判断对大学生来说是很容易的，显然线段 B 是正确答案，而且当要这个大学生单独回答时，肯定会说是 B 线段。但现在并没有叫大学生回答，而是先叫了别人。第一个人仔细看了看，回答说："A 线段。"他的回答使大学生惊讶地张开了嘴，怀疑地看了看他，并且自言自语地说："他怎么会认为是 A 线段呢？他一定要么是瞎子，要么是疯子!"现在轮到第二个人了，他也选择了A线段。这时大学生开始感到有点发蒙，"怎么可能呢？难道两个人都瞎了或疯了"？但是，当第三个人同样回答是A线段时，大学生就会重新看看这些线段，并暗暗地想："可能我才是眼睛或脑子有问题的人吧？"现在轮到第四个人了，他也毫不犹豫地回答A线段是正确的。这时，大学生会出一身冷汗。最后，轮到大学生了，他低声说："当然是A线段，我早就看出来了。"

这就是在阿希实验中作为被试的大学生们所体验到的内心冲突。正如聪明的读者所猜想的那样，先回答并且给出错误答案的那几个人都是实验者的助手，事先得到了做出同样错误回答的指示。

这个知觉判断本身是很容易的，当个人没有受到团体压力，单独去对一系列类似线段做比较时，无论判断多少次都不会产生错误。的确，这个判断任务实在是太简单了，以至于连阿希自己都坚定地预测，遵从团体压力的人不会多。但是，这个预测错了。当看见同伴们在几次判断中都指认同一个错误答案时，将近四分之三的被试至少有一次遵从了错误的答案。在总的回答次数中，受阿希助手影响遵从错误答案的平均数高达35％。

在自由市场上，有时会看到奸商、小贩雇人或请亲友当"托儿"，争相抢购，使真正的顾客受骗上当，他们的骗术之所以能经常得逞，就是利用了人们的从众心理。

见其他人闯红灯自己便跟着走的"中国式过马路"，也是一种从众现象。

大街上有人摔倒，众多行人和围观者无人上去搀扶，除了担心被讹之外，也可能与责任分散和从众心理有关，社会心理学将这种心态称为"旁观者效应"（bystander effect）。而此时只要有一人上前救助，就会有更多的人伸出援手，这就是前面提到的榜样的作用。

前不久，媒体上报道了各地发生的多起聚众哄抢事件。一些本不是坏人的普通百姓，看大家都去抢，认为法不责众，不拿白不拿，不自觉地犯了法。究其原因，也是从众心理作祟的结果。

我们在宣传和思想政治工作中，要尽量利用从众心理，使其发挥正面的积极作用，减少其负面的消极影响，为此就要搞清增强和减弱从众的因素。

研究表明，在与阿希实验类似的情境下，众人的意见是否一致是决定被试是否遵从众人意见的一个关键因素。在实验中，哪怕只有一个同伴的答案是正确的，被试遵从众人错误答案的可能性就会显著降低。实际上，即使只有一个不合作的人不同意众人的意见，团体的压力也会显著减弱。这就是说，即使小组里一个成员给出了另一个错误答案（例如，众人都选了A线段，他却选了C线段），那么这个不合作者的出现，就会使被试的从众性急剧减少，被试就很可能给出B线段这一正确答案。持异议的伙伴强有力地支持被试去摆脱众人的影响。但是，如果众人的意见一致，这众人的人数哪怕不多，也可以使一个人最大限度地从众。事实上，研究表明，如果团体内部意见一致，当团体人数只有 3 个人时和团体人数为 16 个人时，被试遵从众人意见的可能性几乎是一样的。

要减弱个体对压力的遵从，一个方法是让个体先说出自己的最初判断。莫顿·多依奇和哈罗塔·杰德勒使用阿希实验的方法发现，在不让被试先说出自己判断的情况下，24.7％的被试遵从了众人的错误判断，但在听到其他人的判断之前，让个体先说出自己的判断，而后听别人是如何判断的，然后再一次做出判断，这时只有 5.7％的新判断是从众的。这就是我们前面讲到的"公开化"效应。

影响个体遵从团体压力的因素还有很多。通常缺乏自信的人比那些自我评估较高的人更有可能遵从团体的压力。而且，在一定的情境下，任务的特点能影响人的自信。对一个任务以前取得过成功的人，比对此任务没有准备的人更不易遵从别人。同样，如果一个人认为自己没有能力来完成眼前的任务，其遵从众人的可能性就会增加。研究还发现，认为自己在团体里不是特别受欢迎的人，比那些认为自己很受欢迎的人，更可能遵从团体的准则和常规，换言之，认为自己在团体里很受欢迎的人更容易违背团体规则。

沟通锦囊　认为自己在团体里很受欢迎的人更容易违背团体规则。

从众现象还存在重要的文化差异。民间智慧结晶的谚语清楚地说明了这一点。在美国,人们常说"吱吱叫的轮子得到油";而日本人则说"冒尖的钉子遭锤打",与此类似,中国人说"枪打出头鸟""出头的椽子先烂"。这些谚语实际上折射了不同民族对从众的看法。罗德·邦德和彼得·史密斯用阿希的方法在 17 个不同的国家做了 133 次实验,结果发现在提倡集体主义的社会(如中国和日本)比在奉行个人主义的社会(如美国和法国)人们更容易从众。在一个社会中,如果不从众会受到惩罚,从众的人就会越来越多。从众的性别差异在各个国家略有不同,但基本一致,都是女性比男性更从众。女人看到别人买什么,自己往往会跟着买,就是从众心理的反映。

影响从众的因素除了个人特点之外,还与施加压力的团体的构成有关。一个团体若具备以下几个特点,就更容易使个人去遵从它:(1)由专家或权威组成;(2)团体成员对个人很重要;(3)团体成员在某些方面与个人类似。

一个人是否从众,还与任务的难度有关。当物理现实变得越来越模糊时,人们就越来越多地依赖"社会现实",即更可能遵从团体的行为,因为别人的行为可以给他们提供宝贵的信息。

3. 借助舆论引导

"舆论"一词人们经常用,但却是个很难定义的概念。通常认为,舆论是社会中相当数量的人对于一个特定话题所表达的观点和信念的集合体。或者说是公众对特定的社会事务,公开表达的、基本一致的意见或态度。简单说来,"舆论"即公众的言论或意见。

舆论的英文是"public opinion"。卢梭在《社会契约论》一书中指出："在全世界一切民族中，决定人民爱憎取舍的绝不是天性而是舆论。"

美国心理学家做过下面一个有趣的实验。

老师给班上的男生布置了一个任务：只要他们看到某个女生身上有一点红色，比如，扎红头绳、戴红围巾或穿红毛衣、红裙子、红袜子、红皮鞋，就都夸她："你今天真漂亮！"不久之后，便出现了全班女生一片红的奇异景象。这就是舆论导向的作用。

心理系的学生运用上述方法捉弄一位公共课老师，只要这位老师站在讲台左侧，全班同学就面带微笑、非常专注地听讲；老师一走到讲台右侧，大家就皱眉、低头，或东张西望，表现出没听懂或心不在焉的样子。结果整个一学期老师都是在讲台左侧讲课，而自己并没有意识到。

有一家大饭店，开业那天宴请各大媒体记者。记者们白吃一顿美味大餐，出去后自然说饭店的好话，为饭店义务做了宣传，饭店老板节省了一大笔广告费。

舆论能捧人，也能伤人。新中国成立前，著名影星阮玲玉就是因为经受不住小报谣言和舆论的压力才自杀的。

舆论的形成，一是来源于群众自发，二是来源于有目的的引导。

舆论威力无比，媒体责任重大！法国启蒙思想家伏尔泰称舆论是"世界之王",后来人们又称记者是"无冕之王"。为了构建社会主义和谐社会,书报杂志、广播电视、电影戏剧以及网络等形形色色媒体,必须坚持正确的舆论导向,不能只为吸引眼球,片面追求收视率、发行量和点击数。

近年来,我国一些媒体热衷于报道唱歌跳舞上春晚的农民工,各地电视台选秀节目十分火爆,搞得年轻人心浮气躁,越来越多的青年工人想通过选秀和上春晚,一举成名,改变命运。殊不知走这条路比高考还要窄,只有极个别的人能取得成功,偶尔报道一下未尝不可,但不能对此宣传过多,否则便会误导年轻人。更好的做法应当是,每年让各地企业推荐一批老实巴交、不会说不会道、不会唱不会跳、刻苦钻研技术、埋头干好本职工作的农民工,请他们到电视台看春晚,并对他们的事迹加以宣传报道,这才有助于在全社会形成劳动光荣、勤劳致富的价值取向和良好风气。

当前,媒体监督在反贪腐中发挥了积极作用,可以说功不可没。但对普通百姓中负面新闻的报道,有时却可能引起扭曲的效果。例如,搀扶跌倒老人反遭讹诈,本来只是个别现象,但经过媒体多次报道,使受众将其看成普遍现象,搞得人们都不敢救死扶伤,变得麻木不仁了。这类事件并不是不应报道,而是应该通过实事求是的讨论和补充正面报道,使公众认识到这只是个别事件,世界上还是好人多,好人总归会有好报。简言之,坏人坏事需要曝光和鞭笞,但弘扬真善美,传播正能量,才是媒体的主要职责。

（三）心理氛围

心理氛围包括的范围很广，对说服效果影响较大的有以下几方面。

1. 宽松和谐

在一个群体中，领导作风民主，平等待人，组织内部沟通渠道畅通，人们相互尊重，彼此没有偏见、成见，没有恶意、敌意，大家都襟怀坦白，与人为善，以诚相见，一切出于公心，知无不言，言无不尽，在这样一种宽松和谐的氛围中，人们自然会服从真理、修正错误，而不会冥顽不化、固执己见。

反之，一个矛盾重重、关系紧张的群体，平时冲突不断，尔虞我诈，彼此缺乏信任，互有戒心，争论起来自然剑拔弩张，针锋相对，互不相让。

马德林·海尔曼的一项实验研究证明，在大部分情况下，阻止被试签名的企图越强烈，被试越有可能在一个请愿书上签名。也就是说，当压力过于显眼以致威胁到一个人的自由感时，人们不仅抵抗它，而且往往会反其道而行之，这就是逆反心理。

2. 良好心境

心境是一种较为缓和的弥散性的情绪体验，它不指向特定对象，但能使人看待一切事物都蒙上某种色彩。人逢喜事精神爽，干什么都乐滋滋的；而心情不好时，看哪儿都不顺眼，看谁都别扭。

心境对人的生活、学习与工作都有很大影响。积极的心境，使人振奋乐观，朝气蓬勃，有助于创造性与主动性的发挥；消极的心境，让人颓废悲观，不但妨碍工作和学习，还会影响人的身心健康。

人在心境好时听什么都顺耳，容易被说服；心境不好时，不但听不进不同意见，还可能迁怒于人，大发雷霆。宴会上成交，酒桌上拍板，都是利用良好心境来提升说服效果的实例。

如果一个宣传是轻松愉快的，观众通常会乐于接受。把政治观点或思想信念渗透在小说、电影、戏剧等文艺作品中，往往比空洞说教的效果更好。美国内布拉斯加大学调查了 15 000 名儿童，问他们电视和父亲你更喜欢要哪个，半数儿童回答说，他们更喜欢要电视。

欧文·贾尼斯及其同事研究发现，在阅读一份劝诱性的宣传材料时，被允许吃可口食品的人比不允许吃的人受所读材料的影响更大。

我在大学读书期间，有位政治辅导员每次找同学谈话，总是先从玻璃罐头瓶中拿出一块没有包装纸的硬糖递过来，当时正是国民经济最困难的时期，一切都凭票供应，每人每季度只能买二两糖，作为年轻学子的我们，口里含着糖，自然很开心，对辅导员的批评不但不反感，还觉得是对自己的关心。

让人开开心心受教育，高高兴兴被说服，寓教于乐，激发好心境，这也是一种重要的说服艺术。

3. 吸引注意

要说服人，首先要吸引对方或受众的注意，促其打开信息接收通道。否则你的话便会成为耳旁风，你的宣传便会成为过眼烟云。单调乏味的话语催人打瞌睡，空洞枯燥的说教令人生厌，只有生动活泼的宣传才富有吸引力、感染力。

在电视上，球类比赛的活动场面比棋类比赛的安静场面更有刺激性；一部描写洪水淹没都市的纪录片比一部描写建成防洪大坝的纪录片更有吸引力，因此，媒体上充满暴乱、轰炸、残杀、抢劫、游行示威、罢工抗议等暴力和恐怖活动以及各种耸人听闻的事件，借以吸引受众眼球就不足为奇了。

在日常交往中，吸引对方注意的方法很多，提高音量、配合手势可以引起注意，有时降低音调甚至停顿也可以吸引注意，当然还有各种各样的奇招妙计可用。

很多年前，美国某法庭发生过这样一件趣事：原告律师在宣读起诉书时，被告律师从包中拿出一支长长的雪茄烟，点着抽起来(那个年代法庭还不禁烟)，立即引起陪审团成员们的好奇。更不可思议的是，雪茄不但出奇的长，而且烟灰一直连在一起，始终不掉(原因是在雪茄中插了一根铁丝)，陪审团一个个看得目瞪口呆。直到原告律师发言完毕，被告律师收起雪茄侃侃而谈，陪审团成员们才如梦方醒，回过神来听法庭辩论。由于被告律师怪烟的干扰，陪审团成员大多没听清原告律师的陈述，自然做出了有利于被告的表决。

当然，这种损招不宜提倡。举这个例子，只是为了说明注意力对说服工作的影响。这一事例还说明，在宣传工作中既要吸引受众对宣传内容的注意力，同时还要防止或干扰受众对无关或相反宣传的注意力。

多年前著名心理学家利昂·费斯廷格和内森·麦科比做了一个实验，在实验中他们企图防止听众编造论点来反驳呈现给他们的信息，这是通过分散听众注意力的方法完成的。要求属于一个大学兄弟会的两组学生听一个录音，内容是批判大学兄弟会的宣传。论点与论据都是很有说服力的，但与这些学生的观点完全不同。在播放录音时，分散一组学生的注意力，具体做法是给他们放映一部有趣的无声电影。对于另一组学生，不用电影去分散他们的注意力，他们可以更好地利用一部分思维，通过构思反驳论据来抵抗宣传。实验结果表明，被无声电影分散了注意力的学生更多地朝反对大学兄弟会的方向改变观点。

斯坦福大学的高利克最近研究发现，经常遭到多股电子信息冲击的人难以集中注意力。埃里克·霍维茨的一项研究也发现，软件公司里的员工在接电话、收邮件或看短信之后，大概要在10～15分钟之后才能将注意力重新转回到手头的事情上来。边开车边接电话或看短信的司机易发生交通事故，原因即在于分散了注意力。

经常遭到多股电子信息冲击的人难以集中注意力。

4. 心理账户

俗话说，每个人心中都有自己的小算盘，都有自己的一本账。1980 年芝加哥大学行为科学教授查德·塞勒首次提出"Psychic Accounting(心理账户)"的概念。1981 年，丹尼尔·卡尼曼和阿莫斯·特沃斯基使用"Psychological Account(心理账户)"的概念，认为心理账户是人们在心理上对结果(尤其是经济结果)的分类记账、编码、估价和预算等过程。后来他们认为"心理账户"概念用"Mental Account"表达更贴切。卡尼曼认为：人们在做出选择时，实际上就是对多种选择结果进行主观估价的过程。究竟如何估价，最简单也最基本的估价方式就是在内心把选择结果进行获益与损失(得失)的评价。

丹尼尔·卡尼曼和阿莫斯·特沃斯基做了下面一个实验：假设一场疫病发作可能会夺去 600 人的生命，为了抗击疫病，若采用 A 方案，可以挽救 200 条生命；若采用 B 方案，600 人获救的可能性为三分之一，全部丧生的可能性为三分之二。结果 72% 的被试选择了 A 方案。而当实验者换了一种表述方式：若采用 A 方案，400 人会丧生；若采用 B 方案，600 人全部获救的可能性为三分之一，全部丧生的可能性为三分之二。结果有 78% 的被试支持 B 方案。

实际上完全相同的两个方案，为什么简单地变换措辞会使人们有如此大的改变呢？丹尼尔·卡尼曼和阿莫斯·特沃斯基认为，人们在内心深处不喜欢失去而总是极力避免受到损失，丢失 20 美元比少得 20 美元更痛苦。这就是说，人们在做决策时往往会违背一些简单的经济运算法则，而受心理账户的影响。

阿伦森和他的两位学生在实验中发现，心理账户在决定人们是否愿意为了节能而花费几百美元来对房屋进行隔热处理上起着重要的作用。在第一种情况下，能源专家告诉房主经过隔热处理后每年可以节省多少取暖费用；在第二种情况下，告诉房主不加隔热处理每年损失多少费用。结果表明，因遭受"损失"而决定投资的房主人数是那些因"节约"而投资的房主人数的两倍。

为了预防乳腺癌，贝斯·迈耶罗维茨和谢利·柴肯设计并分发了三种小册子，以增加女性定期做胸部检查的概率。第一种手册只包含了自我检查的必要性及方法；第二种手册除上述内容外，还包含了强调自我检查的正面论据(如定期做胸部检查的妇女在早期可治愈阶段发现肿瘤的可能性会增加)；第三种手册强调了不定期检查的负面危害(如不定期检查的妇女在早期可治愈阶段发现肿瘤的可能性会减少)。结果发现，在阅读手册后第四个月，收到第三种手册的妇女做胸部自我检查的可能性大大增加。

上述研究表明，我们在做宣传和说服工作时，不能只依据客观事实和自然法则，还要考虑人的主观因素特别是心理账户的影响，只有以符合人们心理账户的方式呈现材料，才能取得更好的宣传和说服效果。

在现实生活中，不但政治宣传，就是经济建设也要考虑人的心理因素的影响。例如，修建一座立交桥，不能只计算车辆多少和车行速度等物理变量，还要了解司机和行人在各种情况下的想法，否则便可能反复拆修重建依然解决不了拥堵问题。

近年来，为抑制房价过快上涨，先后出台多项严厉调控措施，均收效甚微，原因之一就是在制定政策时对地方官员、房产商和购房百姓的心理账户考虑不够。

九、

态度形成和转变
的心理机制

说服的目的通常是让人改变观点、态度和行为。观点主要是认识性的，即一个人认为是真实或正确的东西。而态度除含有认识成分外，还包括情感和行动意向两种成分，因而更难以改变。

　　本书前面所讲的说服原则、策略、方法技巧以及氛围都是促使人态度改变的外因，而一个人的观点、信念和行为究竟能否改变，最主要的还是要靠内因的变化，因此，有必要对态度形成和转变的心理机制加以深入讨论。只有了解了态度形成和改变的心理机制，既知其然又知其所以然，我们才能更好地沟通与说服别人。

（一）社会影响是态度形成的外因

　　沟通与说服都是一种社会影响，心理学把人对社会影响的反应分为依从、认同和内化三类，这实际上是态度形成的三种不同水平。

1. 依从

对社会影响的依从反应的动机是为了获得奖励或免受惩罚。依从的特点是，持续的时间与奖励或惩罚的时间一样长。心理学家可以把一只老鼠饿几天，然后把食物放在迷津的尽头，以此高效率地诱使老鼠跑迷津；权势者也可以用皮肉之苦来恫吓或用钱财引诱一个人发出效忠的誓言。从迷津尽头的食物箱里取走食物，老鼠就不再跑了；同样，不用钱财奖励和拷打惩治，发誓者就不再效忠了。可见，这种只知依从奖惩的人，其行为还停留在动物的水平上，因为任何动物都会对奖惩发生反应。

依从是不持久的反应，对个体态度改变的影响很小，因为这时人们仅仅为了获得奖励、免受惩罚才按照别人的要求去做。依从的人知道环境对自己的压力，当环境不再有压力时，就可轻而易举地改变自己的行为。

如果一个孩子只是为了得到糖果才写作业，将来未必是一个爱学习的人，因为他不懂得学习本身是好事，只知道这是得到糖果的好方法。当不给他糖果时，学习行为就会停止，除非另有奖励再激发这种行为。

与此类似，用严厉惩罚作为威吓手段使一个人不做自己想做的事(例如，贪污受贿)，需要别人不断地检查监督。

研究指出，家长如果使用惩罚来制止孩子的攻击行为，孩子往往会在家里表现得很温顺，而在学校或离开家玩时反而表现出很强的攻击性。

可见，奖励和惩罚是使人们学会并进行某种活动的一种重要手段，但它的作用是十分有限的，因为，必须永远提供奖励和惩罚才能生效——除非有另外的原因来维持这一行为。

一个人在依从时如果发现自己的依从行为及其后果令人满意，值得把它继续下去，那么即使最初引起依从行为的原因（奖惩）已不存在，依从行为仍会继续下去。例如，一个烟民因惧怕惩罚，戒烟一段时间后，感到喉咙清爽、不再咳嗽、非常舒服，这一发现使他从此永不抽烟了。又如，我们过去大加鞭笞和批判的"奖金挂帅"和"物质刺激"虽然不可能培养出共产主义精神和热爱劳动的态度，但时间久了，养成一种劳动习惯，人们便会从工作本身得到乐趣和成就感。心理学把这种现象称作"第二获得"。由此看来，虽然依从本身通常不产生持久的行为，但它可以为导致持久效应创造条件。

2. 认同

认同是指个体希望自己成为与施加影响者一样的人。如果一个人发现某个团体或个人在某一方面对自己很有吸引力和感染力，他就会由于喜欢该团体或该人而乐于接受其影响，并采取与之类似的准则和态度——不是为了获得奖赏或免受惩罚（如同依从那样），而只是为了和那个人一样，或被那个团体所接受。

青少年对明星的崇拜，在服饰打扮、言行举止上模仿心目中的偶像，这就是一种认同。

认同这种对社会影响的反应并不需要连续不断地奖励和惩罚，需要的只是个体想成为那种人的愿望。无论你所认同的那个人是否在场，无论你们有多久没见，只要他仍然是你十分敬重的人；只要他仍然坚持原来的观点；只要这些观点没有面临与之相反的、更令人信服的观点的挑战，你还会认同他的那些观点。

认同不同于依从之处在于：个体能逐渐相信自己所采取的观点或准则，虽然他对这些观点和准则的信仰还不够坚定。若一个人通过认同接受了一种观点，这时一个专家或一个更可信赖的人给了他一种与之相反的论据，他很可能改变原来的观点。也就是说，若个体崇拜对象发生改变，以新的更重要的认同代替了原来的认同，其观点态度和行为准则也会发生相应的改变。

与认同相反的一种情况是，假如你讨厌的一个人或一个团体发表了一种见解，你就倾向于拒绝这种观点或者采取相反的态度。

认同现象对我们有两点启发：一是作为领导者被下属认同或崇拜是提高影响力、说服力的重要前提或条件；二是作为被大众崇拜的偶像人物言行举止一定要检点，要真正成为人们效仿的榜样。

3. 内化

将准则和信念内化，这是对社会影响的最持久、最根深蒂固的反应。把某种信念内化的动机是想使自己保持正确而不犯错误的愿望。如果我们觉得施加影响的那个人是可信赖的，而且他有很好的判断能力，那我们就会接受他所提倡的信念，并把这些信念纳入自己的价值体系中。一旦它成了我们自己价值体系的一部分，它就可以和发源者无关而成为自己的行为准则，并且将变得难以改变。

一个人想使自己保持正确的动机是一种强大的自我支持力，它既不像依从那样有赖于以奖励或惩罚形式出现的持久的督促，也不像认同那样取决于对别人或团体的持续不断地敬重。

依从的一个重要组成部分是权力——向个体施加影响的人对依从行为给予奖励、对不依从行为给予惩罚的权力。

认同的关键成分是吸引力——榜样对认同者的吸引力。由于个体力求与榜样一致，因而总想持与榜样相同的观点或态度。

内化的关键成分是可信度——提供信息者的可信程度。如果信息提供者既是专家又是可信赖的人，人们就倾向于接受他的影响，因为每个人都有一种力图使自己正确的愿望。

任何一个具体行为，既可能由依从引起，也可能来自于认同，还可能起因于内化。依从是完全的外控行为，认同是半外控、半内控行为，只有经过内化，一个人才会有完全的内控行为，才算真正形成了一种态度或实现了真正的态度转变。

说服不能是我说你服，我打你通。以奖惩为手段得到的依从，只是让人口服心不服、违心地做事；经由偶像崇拜得到的认同，则是让人因迷信对方而不加分析地盲目做事；只有内化为自己的行为准则，才能让人理智地、自觉地做个人认为正确的事。

无论宣传还是思想政治工作，让人们将信念内化都是至关重要的。只有内化，才能真正做到我们过去常说的，"灵魂深处爆发革命"，才能真正将一种思想"融化在血液中、落实在行动上"。

内化是灵魂深处爆发的革命。

（二）心理失衡是态度改变的内因

心理失衡既包括人的认知、情感和行为三者之间的不协调，也包括不同认知之间、不同情感之间、不同行为之间的不协调。例如，吸毒的快感、吸毒的行为与吸毒有害健康的认知就是一种不协调和严重失衡。

1. 心理失衡是一种紧张不安状态

美国著名社会心理学家利昂·费斯廷格提出的人类认知理论认为，认知失调（cognitive dissonance）或认知不协调是一种紧张状态，当一个人同时持有在心理上不一致的思想、态度、信念或两种互相矛盾的见解时，就会产生这种不愉快的感受，因而要努力去减少它、改变它。这与那种在饥渴之类内驱力的发动下所产生的过程大致相同，不同的是驱使的力量是心理上不舒服，而不是生理上的需要。

怎样才能减少认知的不协调呢？这就要改变一个或同时改

变两种认知，使它们相互更协调、更一致，或者增加一个能弥补原有两个认知间鸿沟的新认知。可见，减少不协调实际上是一种自我保护，是一种心理防御机制。

例如，一个吸烟的人听了一场关于吸烟可能引起肺癌及其他呼吸系统疾病的专家讲座，他就体验到了不协调。"我吸烟"这个认知和"吸烟导致癌症"这个认知极不协调，在这种情况下戒烟是减少不协调的最有效的方法，因为"吸烟导致癌症"这一认知与"我不吸烟"这个认知和谐一致。但倘若一个人烟瘾太重难以戒断，他也可能通过否认报告的权威性、科学性，或强调吸烟给自己带来的好处，或列举某些大人物也吸烟等方法，来弱化对吸烟危害性的认识，从而减少这种不协调并继续吸烟。这时宣传机构就需要提升演讲者的权威性、提供更多吸烟有害健康的科学证据，并将吸烟有益的论点一一驳倒，通过多种形式的反复宣传来增加吸烟者内心的不协调，达到促使烟民戒烟的目的。

问题的复杂性在于，人们为了减少内心的不协调常常会选择性地接受信息。一个顽固的烟民，也可能一听到或看到戒烟的宣传就把信息通道关闭，完全拒绝这种宣传，以避免产生不协调。人们不喜欢看或听那些与他们所坚持的信念或希望相反的东西。对这种坏消息的一个古老反应是杀死送信者，即"斩信使"，用现代化的语言来说就是，去责怪那个给人带来痛苦的宣传者。这就要求宣传者采用暗示、双面论证、先求同后论异、理性与感性宣传结合以及隐蔽宣传意图等更多宣传策略和技巧，以减少其阻抗和逆反心理。

2. 心理失衡可以促进态度的强化和转变

毛泽东在《人的正确思想是从哪里来的》一文中指出，实践出真知，一切正确的思想都来自于人类的生产实践和社会实践活动。人对事物的各种态度也是在实践中形成的。人们在生活实践中，通过学习和教育，通过成功与失败的经验和奖励与惩罚的感受，逐渐在社会影响下形成了五花八门的观点和态度。

根据前面提到的认知不协调理论不难看出，在很多情况下，人类并非有理性的动物，而是理由化动物，为了减少不协调，个体可能有时会歪曲客观世界。

那些在一个问题上强烈卷入一种态度的人，往往抗拒任何要他改变那种态度的直接企图，他们对那种宣传或教育是拒不接受的。这种使一个人顽固坚持一种态度的机制同样也可以使他改变一种态度，这取决于在此情境中哪种行为过程最能减少不协调。

心理学研究表明，个体卷入某个行为，可能强化也可能改变其对某一事物的态度，甚至会歪曲所感知到的事物。当认识与行为不符合时，人们往往把自己的认识调整到与自己的行为相一致，或寻找各种理由为自己的行为做辩解，从而态度就会有所改变。这种态度的变化又会影响未来，一旦干了一点，就会不断地、规模越来越大地干下去，导致行为逐步升级。换句话说，一个人为了辩解自己的行为是正确的而改变自己的态度，这不仅能对行为产生影响，而且可以使他把这种行为长期持续下去。

西方有句古老格言:"曾帮助过你的人比你曾帮助过的人更乐于帮助你。"俄国大作家列夫·托尔斯泰早在 1869 年就指出:"我们并不因为人们给我们的恩惠而喜爱他们,而是因为我们给予了他们恩惠。"社会心理学的研究表明,让某人给你以帮助,是增加你对他吸引力的可靠方法。

> **沟通锦囊** 让某人给你以帮助,是增加你对他吸引力的可靠方法。

假设你在一项很大的事业上要取得某人的帮助,你知道这样做对那个人来说是很困难的,需要他花很多时间和精力,以致他肯定会拒绝你,你怎么办呢?一个可行的办法是使那个人介入这项工作的很小一部分,这部分要十分容易,以便他不会拒绝你,这样做足以使这个人以后卷入这项事业。换言之,当一个人卷入某工作的一小部分时,他使自己在这方面继续干下去的可能性便会不断增加。这种使人做出小帮助,从而促使人们服从大要求的过程被称为"诱人步步陷入",也就是前面讲到的"登门槛"战术。它很有效力,因为同意做出小的帮助,为了减少内心不协调(帮助了一个不该帮助的人内心是不协调的),就会把受助者看成是值得帮助的人,从而同意做出更大的帮助。也就是说,它为将来按照更大的请求去做提供了理由。

例如,向人借一万元可能会被拒绝,但借一百元就比较容易,然后再向对方借一千元,说做生意赚了钱一并归还,生意失败了，再借一万元继续做，否则前面借的钱也无力归还，此时债主已被套牢，只能再掏一万元。债主为什么会一而再、再而三地上当受骗呢？当他借给求助者一百元、一千元时，就会把求助者看成是一个诚实的、守信用的人，因为这样想才同自己的行为相协调，认为对方是个骗子却把钱借给他内心是不协调的，会感到自己很愚蠢，为了保持一个积极的自我形象，不把自己看得很傻，就宁愿相信对方是诚实的。何况骗子通常都巧嘴滑舌、表现出一副信誓旦旦的样子，善良的人就难免受骗上当了。

使一个人对某项要求找不到拒绝的理由，可以增加他同意这一要求的倾向。例如，假使有人请你给一慈善机构捐一笔钱，如果你不同意，完全可以找各种理由加以拒绝。但如果募捐者说完一套恳求捐献的话，又加一句："哪怕一分钱也行！"听到这句话后，再拒绝捐献就可能引起内心的不协调，你所有的理由都不再适用了，吝啬到不愿拿出一分钱的人是一种什么人啊！罗伯特·查尔迪尼和戴维·施罗德用实验检验了这种情况，在面对"哪怕只有一分钱也行"这种请求的居民中，捐献的人数是其他居民中捐献人数的两倍，而且他们捐出的钱数和其他居民一样多。一旦人们把手伸进自己的钱包只拿出一分钱就显得太小气了，捐献足够多才与自己是个"心地善良、慷慨大方的人"这一认知相协调。

3. 心理失衡理论的广泛应用

心理失衡或认知不协调理论在现实社会和日常生活中有广

泛的应用价值，可以解释许多社会现象，这里简要列出几个方面。

(1)不道德行为引起的不协调

根据认知不协调理论，如果你想让人们对一件事物形成更积极的态度，就要让他们去参与或拥有那件事物。如果你想要增强人们对一种错误行为的不道德感，就要适当地用这种错误行为引诱他们，但不要使他们真的有机会做出那种行为。

贾德森·米尔斯用六年级学生做实验来对上述推测进行检验。他首先测量一些学生对考试作弊的态度，然后让他们参加一个有奖竞赛考试。设计好一种情境，使学生不作弊就不可能获胜，同时让学生感到作弊很容易并自认为不会被人觉察。事实上一些学生作弊了，另一些学生没作弊。第二天再请他们说明自己对作弊的态度。结果表明，作弊的学生变得对作弊的行为更宽宏大量，而没作弊的学生则对作弊行为采取更严厉的反对态度。米尔斯通过进一步的实验研究还发现，那些为得到很少一点奖励而作弊的人，比那些为得到很多奖励而作弊的人，更倾向于淡化自己对作弊行为的否定态度；那些面对很多奖励而拒绝作弊(这是一个将产生极大不协调的选择)的人，比那些在很少奖励面前拒绝诱惑的人，更倾向于强化自己对作弊行为的否定态度。

这一研究及其结论具有重大的现实意义。一些官员并非生性贪婪，本来也想做个堂堂正正的好官，但是因为我们的监管制度不严，可能偶尔吃一顿请或接受别人一点小礼物，为了取得心理平衡就将这看成是一种正常交往和友谊。吃了人家嘴软，拿了人家手短，只好为人家办点事。因为接受坏人礼物、为坏人办事和自己是个好人的认知是不协调的，于是便会感到对方人不错，以此为自己的行为辩解。对方接着会给予更大的贿赂，此时受贿者虽然会感到紧张和不安，但想到对方赚了大钱有自己的贡献，分享一点是应该的，何况此事只有天知地知、你知我知，对方又是朋友，不会出卖自己，于是胆子越来越大，内心也不会不协调。贪污的情况与此类似。开始因为管理漏洞贪污一点，虽然未被发现，但此种行为与要做个清官的认知不协调，内心也会不安。此时为了取得平衡就会想，人不为己天诛地灭，天下乌鸦一般黑，大家都在贪，不贪白不贪，贪了也白贪，反正无人知道，于是内心不再不协调，心安理得地走上了更严重的犯罪道路。可见，反腐的关键是加强监督，把权力关到制度的笼子里，不要让官员有贪污受贿的机会；同时要加强法制和纪律教育，引导官员树立正确的价值观、人生观，正确看待权力和金钱，认识到贪小便宜吃大亏的道理，不要让其找到为自己错误行为辩解的理由。

对腐败分子严厉打击是十分必要的，但只靠严惩并不能完全杜绝腐败现象的发生，因为此时的行为只是依从，而没有真正内化。只要贪官认为自己做得天衣无缝，不可能被查出，就会有人铤而走险继续犯罪。近年来，中央从解决干部作风问题入手，在制度上加强监督管理，防微杜渐，标本兼治，这无疑是预防腐败的一个重要举措。

认知不协调的研究还表明，高度自尊的人在做出愚蠢或不道德行为时会体验到最大的不协调，此时，"我做了一件坏事"的认知与"我是个好人"的认知极不协调；而自尊心较低的人做了愚蠢或不道德的行为则不会体验到太多的不协调。此时，"我做了一件不道德的事"与"我是个坏蛋"的认知相互协调。认为自己是坏蛋的人把做坏蛋做的事看成是理所应当的。换句话说，自尊心较低的人干不道德的事并不太困难，因为干不道德的事与他们的自我认知是协调的。相反，自尊心很强的人更可能抗拒诱惑而不做违反道德的事，因为不道德行为会使他们内心产生极大的不协调。这就是说，只有在一个人的行为违背了自我概念的情况下，才会引起内心不协调。

> **沟通锦囊** 高度自尊的人在做出愚蠢或不道德行为时会体验到最大的不协调，应尽一切可能帮助个体学会自重和自爱。

阿伦森与戴维·梅蒂合作对上述观点进行了验证。他们预言，如果机会存在，自我评价低的人比自我评价高的人更有可能行骗。在实验中，他们通过向女大学生传递有关其人格的虚假信息，暂时改变了她们的自我评价。具体做法是：在参加完人格测验之后，三分之一的女大学生被给予了肯定的反馈信息，即告诉她们，测验结果表明她们成熟、有趣、思想深刻等；另外三分之一的女生被给予了否定的反馈信息，即告诉她们，测验结果表明不太成熟、不太有趣、相当肤浅等；剩下三分之一的女生未给予任何有关测验结果的信息。紧接着，研究者安排这些学生参加了一个由另一位心理学家主持的实验，从表面看来，该实验与人格测验没有什么关系。该实验的一部分是让被试大学生打扑克，这是个赌博游戏，允许被试赌钱并保留赢来的钱。游戏过程中，研究者给被试提供几个别人很难觉察的作弊机会。整个游戏是这样安排的：如果一个学生不作弊，她肯定会输，而如果她决定作弊，肯定能赢相当一笔钱。实验结果清楚表明：那些在游戏前得到了研究者负面评价的学生比得到正面评价的学生作弊更多。未得任何评价信息的人作弊情况恰好处于二者之间。因为自我评价较高的人在作弊时会体验到更大的内心不协调("我是个高尚的人"与"我作弊"极不协调)。

上述研究提示我们，要在全社会提倡从小培养孩子的自尊心。家长和教师应当多注意自己的行为可能产生的深远影响，因为他们的行为会影响孩子或学生的自尊心。假如较低的自尊心果真是犯罪和残暴行为的前提，那我们就应该尽一切可能帮助个体学会自重和自爱。一个缺乏自尊、自重、自爱的人很容易自暴自弃，破罐子破摔，走上犯罪道路；而一个珍惜名声、爱护羽毛，认为政治生命比金钱美女更重要的人是不会贪腐的。在选拔干部时，对一个人将来是否会腐败很难测量，但对其自尊心高低却可以通过各种手段有效加以测量。不过需要指出的是，缺乏自尊导致犯罪，对于社会上的一般犯罪分子可能有一定的预测作用，而官员的贪腐行为远非如此简单。一个官员在仕途上的成功，会增强其自尊，但如果他的飞黄腾达是通过不正当手段实现的，他的"自尊"很可能更多地表现在作威作福或在下属面前摆谱、端架子上，他在骨子里并不会把自己看成正人君子。

总之，上述研究只不过是提供一种预防腐败的另类思路而已，对腐败问题一定要综合治理。为了增加贪官内心的不协调，应从多方面入手，使其在法律威慑面前不敢贪，在严格制度下面不能贪，在高度自律之下不愿贪。

笔者在此郑重建议：国家反贪局可利用没收贪官的钱财(也许只要拿出其中的万分之一就足够了)设立专项基金，在有关部门作为重大课题立项，组织心理学家与其他各领域专家合作，进行理论分析和实证研究，深入探讨贪腐的心理机制以及内外影响因素，从而找到有效预防措施，并为选拔和考察干部提供科学依据。比如，不妨采用心理学研究中的投射法和内隐技术，测查官员在潜意识中对金钱、美女以及权力的态度，借以评估其未来贪腐的可能性。

(2)奖励和惩罚对态度改变的影响

前面提到，依从主要受奖惩制约，对依从的奖励越大，依从的可能性越大。但依据不协调理论得到的推论是：对态度改变的奖励越大，就越不大可能出现态度的真正改变。如果一个人为了某个极小的理由而改变了态度，这种态度的转变就可能是持久的，因为他不是为获得奖赏而改变态度(依从)，也不是因为一个有魅力的人的影响而改变态度(认同)，他是由于成功地使自己认识到原先的态度是错误的而改变了态度(内化)，这是态度改变的最有效的方式。

不协调理论预言：如果一个人发表了一种难以从外部为之辩解的观点，这个人就会尽力使自己的态度与那个观点更一致，以便在内部为之辩解。

利昂·费斯廷格和梅里尔·卡尔史密斯所做的一个经典实验证实了上述推论。他们请大学生进行一项非常单调乏味并需反复多次的工作——把许多卷轴放进一个盘子，倒出来再重新装满盘子，这样一遍又一遍地重复。或者把一排排螺丝拧进四分之一，然后倒回来再拧，并一遍遍重复。学生们要整整干1个小时。然后实验者让他们对一个正等着参加实验的学生说，这个工作是非常有趣而令人愉快的。作为说谎的报酬，一些学生得20美元，其他学生仅得1美元。实验结束后主试问"说谎人"对刚才实验里的工作的喜爱程度如何。结果显示，先前因说工作十分愉快而得20美元的大学生被试，实际上认为这项工作很枯燥。但是那些因告诉同伴这项工作很愉快只得1美元的大学生，却认为那个工作是愉快的。换言之，那些有充足外在理由的人虽然说了谎，却不相信它；而那些说了谎但缺乏充足外在理由的人，确实朝着相信自己所说的都是真话这一方向转变了。因为只为了区区1美元而说谎很不值得，显得自己很愚蠢。为了消除这愚蠢的感觉，他们必须减少为那么一点钱而说谎所带来的不协调。这需要另外的支持，也就是要使自己相信这完全不是谎言，相信任务并不像起初看起来那么枯燥，从某个角度看它还是相当有趣的。

心理学研究表明，如果教师或家长给学生提供的奖励刚够激发学生进行某项工作，就能使他们最大限度地喜爱这项工作，从而提高他们对工作的持久兴趣和绩效。

沟通锦囊 给学生提供的奖励刚够激发学生进行某项工作，就能使他们最大限度地喜爱这项工作。

阿瑟·R.科恩在一个实验里让耶鲁大学的学生进行一种特别困难的、与自己态度相反的行为。科恩在一次学生暴乱后立即进行实验。在暴乱中，当地警察局对学生做出了相当野蛮的行为。而科恩却要求坚信警察干了很大坏事的学生们写一篇最有力的为警察辩护的文章。写文章前给学生一定报酬，分别是10美元、5美元、1美元和50美分。每个学生写完文章后，请他说明自己对警察行为的态度。结果完全是线性的：奖励越少，态度变化越大。为了可怜的50美分而写文章支持警察的人，比那些为1美元而写支持文章的人，对警察的行为有了更赞同的态度，为了1美元而写文章支持警察的人，比那些为5美元而写支持文章的人，对警察的行为有了更赞同的态度，以此类推，钱这一外在理由越小，态度改变越大。

孔子曰："学而时习之，不亦说乎！"作为探索未知世界的学习活动本来是一件很快乐的事，因为进行一项很愉快的活动而给个人提供奖励，实际上反而减少了这项活动对他的内在吸引力。爱德华·德西的一个实验很好地说明了这一点。他让大学生们单独解一些有趣的智力难题。实验分成三个阶段：第一阶段，所有人在解题时都没有奖励；第二阶段，所有实验组的学生每完成一个难题就得 1 美元，对照组的学生仍像原来那样解题而没有报酬；第三阶段，在每个学生想做什么就做什么的自由休息时间，看学生是否仍在解题，以此作为对解题喜爱程度的指标。结果显示：奖励组的学生在奖励期间确实十分努力地工作，但其兴趣在第三阶段衰退了；而无奖励组比奖励组的学生花更多的休息时间解题。

这些研究提示我们，只靠奖励诱使儿童学习，他不会真正喜欢学习，因为他的快乐不是来自学习本身。只有在缺乏外在理由的情况下，儿童从学习活动本身发现了乐趣，他才会真正热爱学习。

> **沟通锦囊**　只有在缺乏外在理由的情况下，儿童从学习活动本身发现了乐趣，他才会真正热爱学习。

与此类似，单纯靠物质刺激、奖金挂帅是不可能真正调动员工积极性、使其从内心深处热爱工作的，此时员工对工作的态度并无根本转变，他们的行为只是依从而不是内化，只要奖励一撤销，工作积极性便立刻下降。

上述原理同样适用于惩罚。研究表明，家长使用严厉惩罚来制止孩子的攻击行为，孩子往往在家里表现得温顺，而在学校或离开家时表现出很强的攻击性。而减少外在理由的轻微惩罚，却会使他自己相信攻击行为是不受欢迎的。

(3)努力导致坚信

一些有关认知不协调的理论研究表明：如果一个人为了达到某个目的(如参加某个团体或组织)，付出了很大努力，甚至经受了困难或痛苦的体验，那么这个目的对此人的吸引力比那些花很少努力或毫不费力就达到同样目的的人更大。

例如，类似美国海军陆战队和兄弟会这样的组织机构，都是长期使用严格入会仪式以增加成员对团体的忠诚。

根据认知不协调理论，倘若入党或入团过于容易，人们就不会珍惜共产党员、共青团员的光荣称号；而经过严峻考验和严格仪式加入的人，他们会自己找到热爱这个团体或组织的理由，以减轻内心的不协调。经过血雨腥风和生命考验的老革命对党分外忠诚，其原因就在这里。

西方的基督教、天主教，加入者不但要经过一个庄严圣洁的受洗仪式，而且教徒的主要职责是从事公益和慈善活动，没有任何私利可图，他们就是通过不断增加其信仰来实现内心平衡，从而变得越来越虔诚的。

本书前面讨论到的"反自我利益"原则，正是对不协调理论的实际运用。

为付出的努力辩解，努力导致坚信，在日常生活中也有很多表现。例如，一些人花了很多时间和金钱去参加一个健身项目或练习某种功法，即便实际上毫无科学依据，他们也会自我感觉良好，否则内心便会体验到不协调。付出很多与毫无效果是不协调的，为了减轻内心的不安，就宁愿相信自己在逐渐康复。这时会出现两种效应：一是自己努力寻找证据，甚至会把某些与疾病无关的反应也看成是康复的表现；二是通过积极的心理暗示，心情变得越来越好，使自身的免疫功能增强，真的使疾病有一定好转，于是更加深信不疑，甚至会达到痴迷的程度。

(4)为暴力行为辩解

不协调理论可以解释的现象远不止这些。"文化大革命"中，一些人对另一些人施加残忍的暴力或严酷的刑罚，往往是通过认为对方很坏，他们是地、富、反、坏、右、叛徒、特务、走资派、臭老九，他们是罪有应得来为自己的行为辩护，借以减轻内心的不协调，从而使暴力和残酷行为逐步升级。与此相反，如果我们帮助了别人，就会说服自己去相信受帮助者是可爱的、值得给予帮助的人，以此证明自己的帮助行为是应该的。关于后面一点前文已有论述，此处不赘。

(5)酸葡萄与甜柠檬心理

根据认知不协调理论，当一个消极而又无法避免的不愉快情境产生时，人们会努力在认知上把情境的不愉快减到最小。

在一个实验里，杰克·布雷姆让孩子们吃一种他们很不爱吃的蔬菜。吃完后，研究者告诉其中的半数孩子，将来他们还要吃很多这样的菜，而对另外一半孩子则不这么说。相信以后不可避免还要吃这种蔬菜的孩子们，成功地使自己相信这种菜并不太难吃。这是因为，"我不喜欢这种菜"的认知，与"以后我还要吃这种菜"的认知不协调，为了减少这种不协调，孩子们就逐渐相信这种蔬菜实际上并不像自己以前所想象的那样令人讨厌。

约翰·达利和艾伦·伯斯蔡德证明，在和人相处的问题上也有同样的现象。在他们的实验中，女大学生自愿参加一系列会议，会上每个女学生都要与一位素不相识的妇女讨论自己的性行为和性道德观。在开始讨论之前，每个女生都得到了 A、B 两个文件夹，每个文件夹上都描述了那位自愿参加同一实验的年轻妇女的个性特征，描述中既有令人愉快的特征，也有令人不愉快的特征。研究者让其中半数女生相信，她们将和 A 文件夹中描述的妇女(简称妇女 A)交谈；让其余半数女生相信她们将和 B 文件夹中描述的妇女(简称妇女 B)交谈。研究者在女学生见到这些妇女之前，要求每个学生根据对 A、B 两位妇女的个性描述来评价她们。那些相信自己不可避免地要把内心秘密告诉妇女 A 的被试女生，认为妇女 A 比妇女 B 更吸引人。反之，那些相信自己不可避免地要把内心的秘密告诉妇女 B 的被试，认为妇女 B 比妇女 A 更吸引人。这就是说，如果一个人认识到自己不可避免地要与另一个人交往，那么他就会强化对方的优点，或者至少是削弱了对方的缺点。

上述研究表明，人们对必然要发生的事情往往会从最好的方面去看它，以便随遇而安。

《伊索寓言》中有一个狐狸与葡萄的故事，吃不到葡萄说葡萄酸的狐狸常常成为人们嘲笑的对象，并将其称作"酸葡萄心理"。其实，这是一只心理很健康且很明智的狐狸。葡萄本身是一分为二的，有酸的也有甜的。认为葡萄甜，可自己却吃不到，心里是不平衡、不协调的；而认为葡萄是酸的，自己吃不到，心理就不会有任何不协调、不平衡之感。有些失恋的年轻人，通过贬低对方来解除苦恼，就是一种酸葡萄心理。

"酸葡萄心理"有助于取得心理平衡。

　　与此相对，柠檬是酸的，可自己的柠檬就不妨说它是甜的。"丑妻家中宝"就是典型的"甜柠檬心理"。爱美之心人皆有之，"媳妇越漂亮越好"与"自己的媳妇丑"是不协调的，可是想想丑妻吃苦耐劳、安全可靠的好处，心里就会平衡了。

　　我在心理咨询工作中，经常会用这种经过努力还得不到的东西就说它不好的"酸葡萄心理"，自己所有的东西摆脱不掉就说它好的"甜柠檬心理"，来帮助人们暂时取得心理平衡，从各种情绪困扰中走出来，收到了不错的效果。

当然，这种自我安慰只是暂时缓解不良情绪、避免精神崩溃、治标不治本的权宜之计，我们不能完全依靠这种精神胜利法来取得心理平衡。更多时候我是用"不好中有好"的相对论、"这方面不好那方面好"的全面论、"现在不好将来好"的发展论这种阴阳辩证的思维方式辅导来访者，使其心理平衡、摆脱困扰，并逐渐养成一种良好的思维习惯，从而取得了治本的长远效果。

（三）宣传策略的综合运用与效果评估

了解了态度形成和改变的心理机制，又掌握了说服的原则和策略，我们就可以在实际工作中更自觉地将这些原则和策略整合起来加以运用，以提高宣传和说服的效果。

假如你是一个电视台的负责人，针对一个主题和一定的对象，可以在知识性很强的节目之后的一段特定时间(为使有知识的人观看)，提供一个两方面的宣传(因为双面论证对有知识的人更起作用)；精心安排一场辩论，使正面论点显得很有力，而且让它先出现以取得首因效应；适当呈现反面论点并予以强有力的驳斥；将充分说理与情绪鼓动很好地结合起来，必要时适当穿插一点幽默；可以明确表达正面观点，也可以运用暗示潜移默化地影响受众；使宣传的观点与受众的最初态度差异适度；尽可能让专家发言，他令人信服而且特别受人喜爱。也可以将宣传内容隐藏在戏曲电影等文艺作品中，它们并不明确地表现出劝诱企图，所以不会引起受众的抵抗，而且可防止免疫效应，还可以通过分散注意力来阻止他们构想出相反论点。

尽管做了上述诸多努力，我们还是不知道宣传效果究竟如何。确切地说明一个宣传对于接受者的态度和行为影响的程度几乎是不可能的，因为它涉及的因素太多了。我们很难把社会宣传的影响同个人经验以及与家人、朋友交往带来的影响区分开来。因此，应该精心设计并采用多种方法来对宣传效果加以评估。例如，可以在电视播送的前后进行问卷测试，抽样调查观众对某一事物的看法和态度，如果他们向赞成的方向转变了观点，即可推论你的节目是有效的。如果你对如何宣传才能使说服力达到最大限度很感兴趣，你可以把宣传内容以各种形式录制出来，考察不同播讲人、不同论据以及不同呈现方式对其说服力的影响。通过给观众提供这些不同形式的宣讲并进行前后测的检验，就可以对不同因素组合的效果进行比较了。

最后需要指出的是，以人作为研究对象的心理学实验，有时可能对被试的心理产生负面效应，实验结束之后必须妥善处理，设法消除对参加者的不良影响。这涉及的是心理学研究的伦理和心理学家的职业道德问题，阿伦森在《社会性动物》一书中，用了整整一章的篇幅对此做了深入讨论。限于篇幅，本书对此未加介绍，有兴趣的读者可找该书一阅。

十、

沟通能力的
自我评估

沟通作为一种能力,既体现了一个人的性格特征,也包含了很多技巧。为了提高自己的沟通能力,就要了解自己的个性特征,了解自己对沟通技巧掌握的情况。在本书最后,我们介绍几种国外流行的测试沟通能力的简易量表。这几个自我评估量表,是由英国彻斯特大学心理系主任路易斯博士在应我之邀来华讲学时提供的,由中国浦东干部学院科研部翻译并修订。

(一)非言语沟通的自我评估

您在多大程度上意识到非言语沟通呢?请阅读下面的陈述,并用0~7中您认为最符合目前实际情况的一个数字,给该题计分。

(0代表完全不符合,7代表完全符合)

1. 在与他人沟通时，我会直视他们的眼睛。

2. 沟通时，我会用手和胳膊做出手势。

3. 沟通时，我会正对着与我说话的人。

4. 与其他人说话时，我尽量用愉快和合适的声调。

5. 与其他人说话时，我用合适的音量。

6. 听其他人说话时，我注意到他们传递的非言语信号，并对他们的音调、眼神接触、面部表情、姿势、手势和形体修饰等做出回应。

7. 听其他人说话时，我保持安静，在他们表达自己的观点时不打断他们。

8. 听其他人说话时，如果他们很幽默，我会微笑，并在适当的时候点点头。

9. 听其他人说话时，我通过非言语暗示表示我的支持和关注。

10. 在我说话或对其他人的话做出反应时，我用非言语暗示表达我的舒适、镇定和信心。

请把每句陈述得到的数字相加，计算您的总分：＿＿＿分。

结果解释：

61～70分：非言语沟通的意识极强

51～60分：非言语沟通的意识较强

41～50分：非言语沟通的意识一般(平均水平)

0～41分：非言语沟通的意识差

如果您在这一测试中的分数等于或小于50分，那么您就应该通过改变一些简单的行为来提升非言语沟通的能力。比如说，正对着他人说话，采用更多开放的姿态，让别人感到您能够用开放的心态接纳他们的话。与对方保持良好的视线接触，并尽自己所能去读懂对方的非言语行为：语调、面部表情、姿势、身体移动、手势等。注意对方的皱眉、微笑、扬眉。同时，给予对方更多的非言语反馈：点头、微笑、扬眉等。

非言语意识的强化能使您变得更加快乐，更容易取得成功，因为良好的非言语技巧能使您变得更有吸引力，更有魅力。

（二）对倾听的了解程度评估

回答下列问题，判断对错：

1. 人们从小就是一个好的倾听者。

2. 人们的想法会受到倾听者的干扰。

3. 倾听是一种自然行为。

4. 人们拒绝倾听那些常责备他或使他生气的人的谈话。

5. 成为好的倾听者需要自律。

6. 人们会更喜欢与那些让他们感到安全、被接受的人交流。

7. 人们总是会倾向于和那些能了解他们需要的人交流。

8. 那些总是抢着说的人会很好地倾听。

9. 一些人倾听得太多，因为他们担心会过多地暴露自己。

10. 形成信任的一个重要方面是倾听并保守秘密。

11. 谈论比倾听更重要。

12. 一个人自我暴露的程度会影响其他人的暴露程度。

13. 疲劳不会影响人们倾听的质量。

14. 那些对问题比较情绪化的人是好听众。

15. 倾听不需要注意他人说话时的言语质量、肢体语言。

16. 人们更愿意听到那些与他们观点一致的信息而不是那些观点相反的信息。

17. 那些容易愤怒的人通常不会是好听众。

18. 人们听的方式不会受他们先前生活经验的影响。

参考答案：

√代表对，　×代表错。

1～5：× 　√ 　× 　√ 　√

6～10：√ 　√ 　× 　× 　√

11～15：× 　√ 　× 　× 　×

16～18：√ 　√ 　×

（三）演讲行为的自我评估

这一测试中包含30个评估演讲者的自信程度的项目。如果某一个项目符合您在演讲时的感受，就在相应的题号前面打√，反之打×。答题时不要做过多的考虑，根据您的第一感觉回答。

1. 我盼望面对公众演讲的机会。

2. 整理讲台上的东西时，我的手会发抖。

3. 我总是担心自己会忘记演讲的内容。

4. 当我向听众致意时，他们似乎很友好。

5. 在准备演讲时，我总是处于一种焦虑状态。

6. 在演讲结束后，我感觉到自己有一段愉快的经历。

7. 我不太注意运用自己的表情、身体和声音。

8. 在听众面前演讲时，我的思想变得混乱和跳跃。

9. 我不怕面对听众。

10. 尽管我在开始演讲前会紧张，但不久就忘记了害怕，并享受这种经历。

11. 我总是满怀信心地期待演讲。

12. 演讲时，我感到能完全控制自己。

13. 我在演讲时喜欢用提示条，以防自己忘记演讲内容。

14. 我喜欢观察听众对我演讲的反应。

15. 我和朋友讲话时很流利，但在演讲台上就会不知所措。

16. 演讲时，我感到轻松自如。

17. 尽管不能享受公众演讲，但我也不特别畏惧。

18. 我总是尽可能地避免面对公众演讲。

19. 在看听众时，他们的面孔变得模糊不清。

20. 在试图向一群人致意时，我对自己感到厌烦。

21. 我乐于准备演讲。

22. 面对听众时，我的心里很清楚。

23. 我演讲时相当流利。

24. 演讲前，我出汗、发抖。

25. 我的手势做作、不自然。

26. 面对一群人演讲时，我始终害怕和紧张。

27. 我发现用轻柔的语气讲话的乐趣。

28. 演讲时，我很难冷静地寻找合适的词来表达自己的思想。

29. 一想到要在一群人面前演讲，我就吓坏了。

30. 我面对听众时，思想很敏锐。

记分方法：

第1、4、6、9、10、11、12、14、16、17、21、22、23、27、30题，打√的记0分，打×的记5分；

第2、3、5、7、8、13、15、19、20、24、25、26、28、29题，打√的记5分，打×的记0分；

把30题的总分相加，总分为_____分。

结果解释：

0～55分：可能您还认为自己缺乏演讲的信心，事实上，您感受到的压力和焦虑是正常的。一些调查表明，面对公众演讲是人们最为惧怕的事件之一。因此，问题不在于缺乏信心的程度，而在于如何处理自己感受到的压力和焦虑。如果您的得分小于等于50，那么其实您并不需要做什么特殊的事情来减压。你并不需要关注如何消除这些压力，而是考虑如何有效地运用压力。另外不要想别人会怎样看你，而是关注自己的想法和听众。有效地准备和练习与压力、焦虑、紧张的控制是呈正相关的。您拥有越多的面对公众演讲的经验，您就越能控制您的紧张感。

60～85分：您有些缺乏演讲的信心，但是您的焦虑水平与正常状态非常接近，您感受到的焦虑和压力不但容易控制，而且能够立即改善。只要通过充分的准备和练习，您就会发现一切尽在掌握之中。记住，如果运用得当，适度的紧张、压力会产生积极的作用。让这些压力推动您、促使您做得更好。

90～115：您非常缺乏当众演讲的信心。幸运的是，您的这一焦虑水平是很容易控制的。许多伟大的演讲家都是从这一水平开始的；但是有一些人却一直不能越过这一障碍。由于您目前非常缺乏演讲的信心，您需要多花一点时间在演讲的准备上。很重要的一点是要找到一个好的话题。先明确演讲的目的和中心思想，然后写出清晰的演讲大纲。有了大纲以后再转变为可以用于演讲的提示条。越早练习演讲，您就能越快地提升信心。

120～150分：您严重缺乏当众演讲的信心。您可以做一些事情来降低紧张、焦虑的水平。您可以试试一些降低焦虑的方法，比如，上台前做深呼吸等。虽然信心是可以控制的，但是需要很大的努力。建议您首先从朗读开始，第二是充分准备，第三是体验。记住：每个人都有一定程度的焦虑体验，关键要找到适合自己的、最好的处理焦虑的方法。

（四）交谈能力的自我评估

您想知道自己与人交谈的能力吗？不妨测试一下。请在每题后面的三个选项中选出最符合自己实际情况的一项。

1. 您是否时常觉得"跟他多讲几句也没意思"？
a. 强烈肯定　　b. 有时如此　　c. 绝对否定

2. 您是否觉得那些太过于表现自己感受的人是肤浅的和不诚恳的?

a. 强烈肯定　　　b. 有时如此　　　c. 绝对否定

3. 您与一大群人或朋友在一起时,是否时常觉得孤寂或失落?

a. 强烈肯定　　　b. 有时如此　　　c. 绝对否定

4. 您是否觉得需要有时间一个人静静地整理一下思路?

a. 强烈肯定　　　b. 有时如此　　　c. 绝对否定

5. 您是否只对一些经过千挑万选的朋友才吐露自己的心事?

a. 强烈肯定　　　b. 有时如此　　　c. 绝对否定

6. 在与一群人交谈时,您是否时常发觉自己在想一些与交谈话题无关的事情?

a. 强烈肯定　　　b. 有时如此　　　c. 绝对否定

7. 您是否时常避免表达自己的感受,因为您认为别人不会理解?

a. 强烈肯定　　　b. 有时如此　　　c. 绝对否定

8. 当有人与您交谈时,您是否时常觉得很难聚精会神地听下去?

a. 强烈肯定　　　b. 有时如此　　　c. 绝对否定

9. 当一些您不太熟悉的人对您倾诉其遭遇以求同情时,您是否觉得不自在?

a. 强烈肯定　　　b. 有时如此　　　c. 绝对否定

记分方法:

　　每道题选 a 得 3 分，选 b 得 2 分，选 c 得 1 分。各题分数相加得到总分。

　　结果解释：

　　如果您得到 22～27 分，表示您只有在极需要的情况下才同别人交谈。即使对方与您志同道合，您仍不会通过交谈来发展友情。除非对方愿意主动频频跟您接触，否则您便总处于孤独的个人世界里。

　　如果您得到 15～21 分，您大概比较热衷跟别人做朋友。如果您与对方不太熟识，您开始会不大愿意跟对方交谈。但时间久了，您便乐意常常搭话，彼此谈得来。如果得分接近 21 分，则表示接近孤僻的性格。

　　如果您得到 9～14 分，表示您与别人交谈不成问题。您非常善于交际，容易营造一种热烈气氛，鼓励人家多开口，别人大多同您谈得来，彼此十分投机。

（五）有效沟通的自我评估

　　请针对下面的 20 句陈述，用 0～7 中您认为最符合您目前实际情况的一个数字给该题计分。这里不评估您的愿望、希望、信心以及潜力。

　　（0 代表完全不符合，7 代表完全符合）

　　1. 对改善与他人沟通的能力兴趣浓厚。

　　2. 明确意识到需要改进自己倾听、言语、非言语和批判性思考的技能。

3. 希望对自己的思维定式、理解力、偏见和成见有更多的了解。

4. 乐于接受在与他人沟通的过程中带来的挑战。

5. 希望与他人进行富有思想性的沟通。

6. 希望获得更多在各种环境中沟通的经验。

7. 在没有收集到详尽的事实证据之前，不做过多的想象和推测。

8. 对他人的观点或情感予以真诚、积极的回应。

9. 对他人的观点或情感表示尊重。

10. 认同、接纳他人用与己不同的方式表达事实、信念和经验。

11. 对他人所说的内容显示出兴趣。

12. 在倾听他人的观点或情感时不做判断。

13. 友好、坦率、礼貌地对待与他人的谈话。

14. 对与他人沟通的环境保持敏感态度。

15. 对与他人共享的观点和情感负全部责任。

16. 为沟通对象的权利做诚实的、公正的和周到的考虑。

17. 在必要的情况下，透露与他人沟通的动机。

18. 愿意就与他人沟通时所犯的错误道歉或表示遗憾。

19. 留意和察觉是否可能被他人控制，避免被愚弄、控制，或者在缺乏令人信服的证据时被轻易说服。

20. 能够面对因与他人不断增加的沟通而带来的各种可能

情况。

请把每句陈述得到的数字相加，计算您的总分：＿＿＿分

0～20分：您有效沟通的基础很差，但另一方面也表示您有很大的成长、发展和改进的空间。您将有很多机会来拓展基础，您需要立即参加帮助您健康发展的培训项目，大学课程、演讲交流课程等都将为您带来很好的提高沟通能力的机会。

21～60分：您有效沟通的基础较弱，但另一方面也表示您有相当大的成长、发展和改进的空间。您将有很多机会来拓展基础，您需要抓紧时间参加帮助您健康发展的培训项目。

61～80分：您有效沟通的基础处于平均水平，但另一方面也表示您仍有一些成长、发展和改进的空间。您将有很多机会来拓展您的基础，您不妨想想以下几个问题：您最需要的沟通技巧是什么？您最缺乏的沟通技巧是什么？您如何能够进行一些交流练习？您可以从哪里得到提高自身沟通能力的帮助？为自己设定一张提高这些重要技能的时间表。有效的沟通将对您事业的各个方面，个人和社会生活的各个阶段有很大的帮助。同时，有效的沟通可以改善您和他人的关系，提高您的生活质量和水平。

81～100分：您有效沟通的基础较好，但您应该还能够做得更好。回顾刚才的测试，注意那些趋同性的答案。比如，您可能对3、4、6题给出的得分都是比较低的，这些趋同性的答案反映出您可能容易满足于自己的想法和观点，缺乏成长、发展和改变的意愿。又如您对8、9、10题给出的得分可能都很低，这可能反映出当别人的想法和感受和您有不同时，您往往听不进去。再

如，您对 15、16、17 题给出的得分可能都很小，这可能反映出您不太关注沟通中的道德因素。

101～120 分：您有非常好的沟通基础，但仍然有发展的空间。那些得分小于 6 分或 7 分的项目就是您的目标领域。由于您已经具备了较好的基础，因此，对您来说，可以把注意力放在那些需要多加关注的领域。

121～140 分：您已经具备了极好的沟通基础，让人难以置信。更多的发展将使您成为更有效的沟通者。

最后，需要说明一点，以上量表并非心理测量学中严格意义上的标准化测验，仅作为一种自我评估，供感兴趣的读者参考。

后记

POSTSCRIPT

　　历时月余，讲稿终于整理完了。从头浏览一遍，自我感觉还不错。相信本书的科学性、实用性和趣味性足以吸引聪明睿智的读者将其一口气读完。倘能引起各级领导和企业人士的注意，在百忙之中抽暇翻翻这本小册子，对于改进思想政治教育和公关宣传工作有所裨益，说不定还会登上畅销书排行榜。想到这里不由得做起了白日梦，脑中浮现出版税到手之后携家人周游世界的画面。

　　为此我首先要感谢美国著名心理学家、加利福尼亚大学教授埃利奥特·阿伦森先生，是他在我和学生将其代表作《社会性动物》第三版译成中文并在中国出版多年后，他又将该书第八版寄给我，使我有机会对该书反复阅读。这本《沟通心理学》引用和借鉴了《社会性动物》一书的许多观点和研究资料，将其称作是《社会性动物》的读书笔记或读书心得亦不为过。当然拙作中也融入了我自己的人生积淀和感悟，否则就有剽窃抄袭之嫌了。《社会性动物》在美国乃至全世界都很畅销，但在我国却鲜为人知，如果这本小册子能对《社会性动物》一书起到广告作用，则是对笔者本人的莫大安慰。我曾经担任过北京社会心理学会理事长和中国社会心理学会常务理事，我坚信《社会性动物》一书将激起更多人对心理学特别是社会心理学的浓厚兴趣。

其次要感谢许多听过此课程的学员，是他们的积极反馈和热情鼓励，使我鼓起勇气把讲课内容整理成书。当今社会生活节奏加快，人们读书时间很少，之所以将内容浩瀚庞杂的沟通与说服艺术写成一本薄薄的小册子，主要是为了便于携带，使大家能在椅上、床上、车上忙里偷闲翻一翻，用较少时间获较大收益。

最后要感谢手捧此书的读者诸君，在人们终日坐在电脑前痴迷网络或埋头看手机、微信、微博的今天，您还能秉烛夜读，实在难能可贵！当然，您若能将读后感与笔者切磋交流，那就更感激不尽了。本人的电子邮箱是：zhengrichang@126.com。欢迎联系，恭请赐教！

郑日昌

2014 年 10 月于京师园

作者简介

郑日昌

1967 年毕业于北京师范大学心理学专业，"文化大革命"期间历经磨难，当过十年采煤工。1985 年通过考试受教育部派遣先后在美国教育测验中心(ETS)、匹兹堡大学、大学考试中心(ACT)做访问学者两年，以后又去比利时布鲁塞尔国际笔迹学研究所和英国彻斯特大学心理系合作研究各半年，在澳大利亚新南威尔士大学心理学院任客座教授一年。归国后执北京师范大学教鞭，率先开设心理测量、心理咨询课程，出版中国第一部心理测量和第一部学校心理咨询教材，并亲手创办以提高国民心理素质、促进社会安定和谐为己任的讲心堂和北京师大辅仁应用心理发展中心，为心理学应用于社会奔走传道，不遗余力。推动了高考改革和人才测评在各行各业的广泛开展，促进了心理健康教育的普及和学校心理辅导制度的建立，近年来又将心理学服务推广到企事业单位和党政军系统，被称为中国心理学应用的拓荒者。曾任北京师范大学教授、博士生导师，中国浦东干部学院访问教师(中组部派遣)，教育部考试中心兼职研究员，教育部中小学心理健康教育专家指导委员会委员，教育部普通高等学校学生心理健康教育专家指导委员会委员，人力资源与社会保障部人才交流中心人才测评师考试首席专家，卫生部心理治疗师考试专家委员会委员，全国标准化技术委员会委员，中国员工心理健康工程专家委员会主任委员，香港特别行政区中国心理咨询师协会理事长，国际中华应用心理学研究会名誉理事长，作为有突出贡献的专家学者荣获国务院颁发的政府特殊津贴和北京市优秀教师称号。